SÉDIR

DEVOIR

SPIRITUALISTE

PARIS

BIBLIOTHÈQUE UNIVERSELLE BEAUDELOT

36, RUE DU BAC, 36

—

1910

LE
DEVOIR SPIRITUALISTE

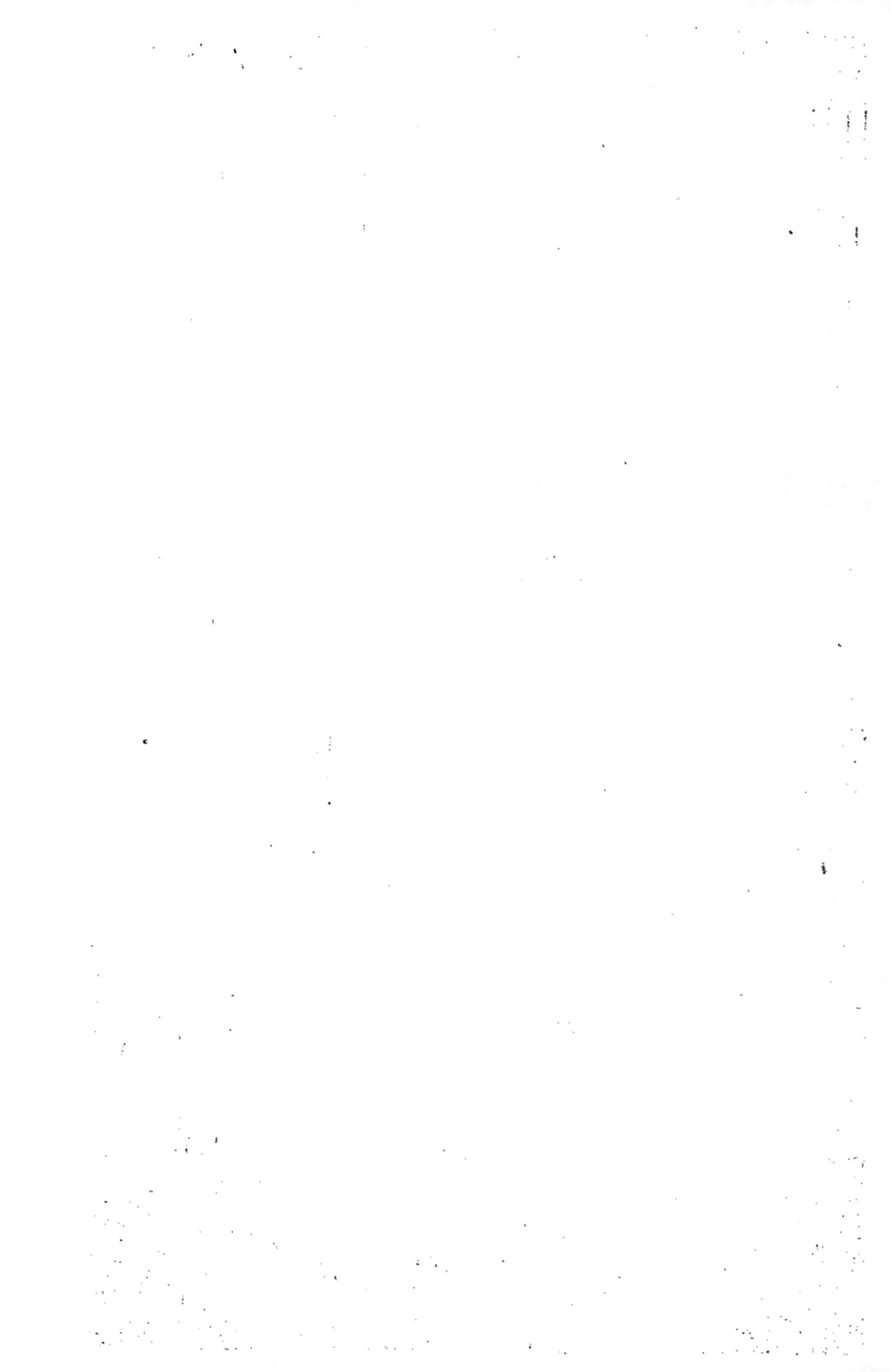

OUVRAGES DU MÊME AUTEUR

La Création, *théories ésotériques,* br. in-8°
(Épuisé) **2** fr.

La vie du bienheureux Jacob Bœhme, *avec
une bibliographie, et un vocabulaire explicatif,* portrait inédit, br. in-18, 2ᵉ éd. **1** fr.

Le Cantique des Cantiques, *commentaire sur
son 6ᵉ sens ;* br. in-8ᵉ, non mis dans le commerce,
3oo ex,, signés. **3** fr.

Les Tempéraments et la Culture psychique,
*d'après Jacob Bœhme ; données de mysticisme pra-
tique,* 2ᵉ éd. Complètement refondue, broch.
in-8°. **1** fr. **50**

Lettres magiques, *roman d'initiations orientales,*
vol. in-16 carré. **2** fr.

Initiations : *Trois contes pour les petits enfants. La
Rencontre, la Tentation, l'Adepte,* vol. in-12. **2** fr.

Conférences sur l'Evangile. Vol. I. *De la Naissance à la Vie publique de N.-S.-J.-C.,* vol. in 8°,
de luxe. (Il existe une traduction allemande). **3** fr.
Vol. II. *La Vie publique de N.-S.-J.-C.,* vol. in-8°
de luxe. **4** fr.

Les Rêves : *Théories, Méthodes, Entraînements,
Interprétations,* br. in-18°. **1** fr.

Le Fakirisme : *Définition, Théories, Entraînements, Résultats, Dangers,* br. in-8° (Épuisé).
1 fr. **50**

La Médecine occulte ; *revue de toutes les thérapeu-
tiques : alchimique, magique, magnétique. astrale,
volontaire, religieuse, theurgique,* etc., etc., vol.
in-18. **2** fr.

Histoire des Rose-Croix : *leurs légendes, leurs
adversaires, leurs plagiaires, leurs statuts,* vol. in-
16. **4** fr.

Bibliographie, *méthodique, didactique et critique,
de tous les ouvrages en librairie, concernant l'Occul-
tisme et le Spiritualisme ;* avec un plan d'études,
br. in-18. **0** fr. **50**

Bréviaire mystique : *Règles de conduite, formules d'oraison, thèmes de méditation*, vol. in-8°, de luxe, pap. vergé, lettres ornées, reliure souple, **10** fr.

TRADUCTIONS :

Le Messager céleste de la Paix universelle, de l'anglais de JEANNE LEADE, br. in-18, avec pentacle astrologique. (Épuisé.)

Vos Forces 1re, 2e, 3e séries de l'anglais de PRENTICE MULFORD, avec portrait, 3 vol. in-8°, chaque : **3** fr.

Theosophia practica, de l'allemand de J.-G. GICHTEL ; vol. in-8°, de luxe, avec pl. hors texte en couleurs, **7** fr. **50**

L'Esprit de la Prière, de l'anglaise de W. LAW, br. in-8°, de la « collection d'auteurs mystiques ». **1** fr. **50**

Vies et pensées de GICHTEL ; de l'allemand, br. in-8°, de la même collection. **1** fr. **50**

De Signatura Rerum, de JACOB BŒHME ; avec notes, tables, suppléments et glossaire, vol. in-8° de la collection des « Classiques de l'Occulte ». **7** fr. **50**

SOUS PRESSE :

Conférence sur l'Evangile, 3e *série : La Vie publique de N.-S.-J.-C.* ; vol. in-8 de luxe.

Les Dogmes Catholiques et le Christ vivant, br. in-18.

De l'Election de la Grâce, trad. de Bœhme (en collaboration avec *Debeo*), vol. gr. in-8.

Doctrines des Rose-Croix, vol. in-18.

SÉDIR

LE DEVOIR

SPIRITUALISTE

PARIS

BIBLIOTHÈQUE UNIVERSELLE BEAUDELOT

36, RUE DU BAC, 36

—

1910

LE DEVOIR SPIRITUALISTE

CHAPITRE PREMIER

§ **1**. — Toute créature a des droits et des devoirs. Ses droits : c'est ce que le reste de l'Univers est dans l'obligation de lui fournir. Ses devoirs : c'est ce qu'il faut qu'elle donne à son milieu sous peine d'enfreindre la Loi, de détruire l'harmonie, de léser les autres.

Le fonctionnement biologique du monde peut donc passer par trois états :

L'un : de polarité négative, où le cosmos est en voie de disparition vers le Néant ; c'est quand les êtres ne s'occupent que de leurs droits.

Le second : de polarité neutre, où se maintient l'équilibre du régime de la Justice : c'est quand les êtres savent balancer exactement leurs droits et leurs devoirs ; ceci est l'idéal scientifique et humain.

Le troisième, de polarité positive, où les

êtres se soucient plus de leurs devoirs que de leurs droits. L'univers tend alors vers la vie absolue : c'est le régime de l'Amour, que prêchent toutes les religions, et nommément l'Evangile.

§ **2**. — Chacune de ces trois classes de volontés s'affirme en agissant; mais les modes de cette affirmation sont divers. Sans disséquer ici tous les éléments connus de ce nodus très complexe qu'est la puissance volitive, nous pouvons nous rendre compte que ce principe central individuel est pourvu d'organes de réception et d'organes de manifestation. Suivant le point où il en est de son cycle de développement, il emploie un groupe d'organes plutôt qu'un autre. Ainsi, tel homme vit, c'est-à-dire veut, avec son intelligence, ou avec l'une des facultés de son intelligence; tel autre avec l'un de ses pouvoirs corporels, et ainsi de suite.

De sorte que chaque phénomène vital est en somme un acte de volonté, aux racines plus ou moins profondes.

D'autre part, notre organisme le plus extérieur étant le corps physique, l'acte le plus extérieur aussi que nous puissions accomplir est donc l'acte physique. Et il sera le plus complet, le plus saturé d'énergies, le plus fécond, puisque, pour mouvoir l'instrument corporel, le courant volitif aura eu à traverser, à évertuer, à ébranler tous les organismes intellectuels, animiques, magnétiques et sensoriels intermédiaires.

§ **3.** — L'acte matériel est donc le plus sain, le plus normal, le plus équilibrant. Si j'avais le moyen et le loisir d'esquisser un manuel de psychologie occulte, ce serait ici le lieu de faire voir quelle armée d'énergies, quelle suite séculaire d'efforts furent nécessaires pour que, par exemple, notre enfant pût mettre un pied devant l'autre. Toutes les puissances du monde sont ici en action. La plus misérable des formes de la vie mérite infiniment d'être étudiée, d'être admirée, d'être aimée.

Il serait aussi important de faire pressentir que tel artiste, en dessinant le pli d'une robe, tel potier en tournant un vase, tel poète qui exprime l'ineffable par des mots, tel musicien qui nous apporte un accord de l'harmonie des sphères, tel philosophe qui cultive une fleur de méditation, jettent chacun dans le vaste champ du futur le germe d'un organe, d'une possibilité physique pour les races de l'avenir. La vie est partout.

Mais il faut circonscrire nos imaginations.

§ **4.** — Tout est un être, en dernière analyse ; il faut comprendre ici que les plus grands mystères ne sont pas cachés, mais fleurissent en foule sous nos pas. Marcher, dormir, vivre, en un mot : qu'y a-t-il de plus inexplicable ? Quel savant dénombrera tous les efforts, toutes les souffrances, les sensations, les sentiments, les pensées innombrables, qui, répétées durant des millénaires, nous permettent aujourd'hui de mouvoir notre main instantanément ? Que d'efforts n'y a-t-il pas sous la spontanéité d'un mouvement réflexe ?

Telle est l'expression de la seconde face du formidable axiome que la vie est en tout. Les sages du vieux temps connurent cette vérité, et quelques-uns en firent le grand Arcane de leurs initiations, arcane d'autant plus occulte qu'il est découvert, d'autant plus difficile à saisir qu'on le trouve exprimé à chaque seconde et partout, d'autant plus inaccessible à la convoitise cupide, que le seul dragon qui en défende l'approche est le propre égoïsme de l'homme.

§ 5. — Si la notion vive de la vie universelle inspira le communisme métaphysique du Jaune, la mansuétude de l'Aryen, et l'âpre activité du Sémite, la véritable forme et la plus compréhensible s'en trouve fixée dans le verset divinement simple de l'évangile joannite :

« Tout ce qui est, a été fait par le Verbe, et rien de ce qui est n'a été fait sans Lui. »

Le Verbe est Dieu, le Verbe est la vie ; la

vie est partout ; le Verbe est partout. Les états de l'être ne sont que des vêtements ; et comme les créatures sont elles-mêmes ces modes infinis de l'Etre, toutes : de la plus microscopique à la plus immense, de la plus belle à la plus monstrueuse, sont les robes dont Il cache à nos yeux clignotants la radieuse splendeur de Ses membres ineffables.

En chaque créature, Il réside, bienfaisant, très pur, très secret ; Il est, en elles, leur âme unitaire ; mais toutes les puissances, tous les halos, tous les organes de l'individu, ses ciels, ses terres, et ses cloaques, sont les habits de ce Verbe omniprésent ; tout cela Lui appartient et tout cela est donc encore Lui-même.

Si le règne minéral fournit à la plante sa substance, celle-ci fait de même pour l'animal, et ces trois ordres s'unissent pour offrir à l'esprit humain le chef-d'œuvre organique de leur silencieuse collaboration. Ils sont, je le répète, les vêtements de ce Verbe dont l'esprit de l'homme doit devenir un jour le corps glorieux.

§ 6. — Ne vous effarouchez pas de cette phraséologie d'illuminé ; si dans la matière, les forces s'entre-dévorent ; si dans l'animique, les passions s'incendient mutuellement ; si dans l'intellectuel, les idées se

choquent, dans l'Esprit tout s'ordonne, tout
se concilie, tout s'harmonise.

Le langage y est surhumain, les émotions
angéliques, et les pensées universelles. Ne
prenez donc pas les mots dont on use ici
dans le sens que l'usage des sectes et des
écoles leur a conféré ; voyez-les comme des
signes tout neufs ; comprenez-les comme on
les comprit aux anciens siècles, quand ces
très vieilles idées vinrent pour la première
fois sur terre.

§ 7. — Il est peu utile, sauf pour les *spécialistes* pourvus de dons particuliers et in-
vestis d'un caractère d'ambassadeur, de se
servir, dans l'étude des questions morales,
d'un vocabulaire bien savant. La langue
usuelle nous offre tous les termes nécessaires à la notation des phénomènes inté-
rieurs. Les mystiques de notre race nous
montrent excellemment ceci. Quand, par
exemple, Amiel explique que le sauvage
civilisé fait un homme ; que l'homme cul-
tivé fait un sage ; que le sage éprouvé fait
un juste ; que le juste, qui a mis la volonté
divine à la place de sa volonté propre est un
saint ; et que ce saint est le régénéré, le
spirituel, le céleste, le libre, dont parlent
toutes les religions, il décrit, en termes
compréhensibles à la masse, l'ascèse des
vieux ésotérismes.

Donc, à notre époque, où l'abus des termes excessifs est devenu d'un usage si général, réagir en restituant aux mots leur valeur primitive, simple, absolue, est une bonne chose. Ainsi, dans l'ordre d'idées qui nous occupe en ce moment, on ne devrait pas classer sous le vocable de spiritualistes, cette masse énorme d'individus qui sentent remuer en eux des tendances plus ou moins vagues, plus ou moins faibles, plus ou moins latentes, vers des formes d'idéal; ou plutôt, si : tous ceux-là sont des spiritualistes en ébauche; le critique est obligé de les ranger sous cette dénomination; mais c'est eux-mêmes qui ne devraient pas s'accorder ce titre, car on ne tire jamais que des bénéfices d'une excessive sévérité envers soi.

§ **8.** — Un spiritualiste est, par étymologie, celui qui croit à l'existence, à la primauté, à la permanence de l'Esprit; c'est un homme qui sait cet agent partout actuel, en tout actif, principe et fin de tout; c'est un cœur assez sensible pour en percevoir les effets mondiaux; c'est une intelligence assez vaste pour en connaître les modes les plus contraires ; c'est, par dessus tout, une volonté assez royale pour faire obéir les instincts de la chair, les tendances du moi, les paresses de la pensée, à ce qu'elle a pu

reconnaître, dans les voix que sa conscience
entend, comme l'appel très sage de cet
Esprit.

Si donc tout homme porte en soi un idéal,
même obscur, même bas, celui qui se
réclame de l'Esprit, doit concevoir le plus
haut, le plus neuf, le plus lointain des Idéals,
et il le doit nourrir de son amour, de toute
son intelligence, de toutes ses forces, et
de tout son sang.

C'est un tel serviteur qui a seul droit à la
qualification de spiritualiste; il paraît à la
foule un surhumain, parce qu'il est excep-
tionnel, bien que cependant le simple titre
d'homme soit le plus beau et le plus difficile à conquérir.

§ **9.** — Or, si celui qui parcourt ces lignes
pressent, malgré leur maladresse, quelque
peu du Beau, du Flamboyant, de l'Ineffable,
dont elles procèdent, il est élu, dès lors, à
la béatitude et au martyre. Car, « le devoir
qu'on devine nous lie dès cet instant ».

En réfléchissant à cette sentence, on a l'in-
tuition nette que le vrai principe de notre
moi, vit plus haut que notre conscience ordinaire; et, en effet, la personnalité n'est
qu'une partie de nous-mêmes, celle où luit
pour l'instant, le soleil de la vie psychique
terrestre; chacun des organes de l'individu
n'est en rapport qu'avec la sphère du Non-

Moi qui lui est analogue et correspondante;
ces rapports, alternativement passifs et
actifs, constituent les droits et les devoirs
des créatures; ils existent en dépit de la
connaissance que nous pouvons en acquérir, mais dès que cette connaissance a lieu,
ils s'imposent à nous comme la loi même
de notre santé totale.

Ou, plus exactement, ces rapports ne se
dévoilent qu'à l'heure où nos forces physiques, intellectuelles et morales sont assez
développées pour que nous collaborions
dans le sens actif ou passif qu'ils indiquent;
la loi de nature est appliquée par des puissances invisibles qui graduent l'effort selon
notre degré d'évolution. Aussi, quand nous
sommes aptes à suivre telle classe de
l'Ecole du Monde, on nous y conduit, et il
serait maladroit et puéril de ne pas vouloir
entrer : un devoir est un instituteur.

§ **10.** — Sachant donc que chaque jour
de notre existence est préparé par des guides capables, sachant que nos contacts avec
le dehors sont toujours opérés par ce qu'il
y a dans le sujet de semblable à l'objet,
comme d'ailleurs les anciennes sagesses
ésotériques le répètent à l'envi, — nous
autres, qui aspirons à devenir les récepta-
cles, les serviteurs et les propagateurs de
l'Esprit, de la Force des forces, de Dieu,

sachons aussi, entre les guides, — entre les
devoirs, — qui s'offrent à nous, choisir les
plus durs ; sachons, entre les demandes que
nous font les autres êtres, choisir les plus
exigeantes, les plus hautes.

Nous reconnaîtrons alors la vérité de l'enseignement des sages : rabbins à la barbe
fourchue, philosophes à la parole fleurie,
brahmanes immobiles, Pères romains d'a-
bondante éloquence, moines enfiévrés de
jeûnes, tous s'accordent à dire que, selon
la nette formule de Marsile Ficin et d'Ange-
lus Silesius : « Comme l'oreille emplie d'air
« entend les vibrations de l'air, comme l'œil
« rempli de lumière voit la lumière, c'est
« Dieu qui, dans l'âme, voit Dieu ».

§ **11**. — Ne jugez pas cet axiome pan-
théiste. N'accordez jamais grande importance aux étiquettes ; elles s'usent, et elles
se décollent ; étudiez plutôt l'objet qu'elles
prétendent décrire.

Dieu est en nous : non pas comme la forme de l'eau est dans chacune des gouttes
de l'Océan ; Il est en nous individuellement,
personnellement, comme lumière distincte,
comme feu central particulier, — et tous
les composants du genre humain sont uns,
parce que la lampe sacrée qu'abrite leur
cœur à chacun vient de Dieu et est Dieu ;
mais pour comprendre ceci, il faudrait com-

prendre comment le zéro devient l'unité,
comment le point mathématique devient la
forme géométrique, comment le monde est
créé, comment l'infini devient fini et l'absolu relatif.

Ce n'est pas cela qu'il est nécessaire de
savoir ; c'est plutôt ce que je vais essayer de
décrire.

§ **12**. — Dieu est en nous l'organe essentiel ; avec lui nous sommes tout ; sans lui,
nous nous évaporons dans le néant. Mais,
par la même raison que ce vaste univers fut
manifesté, il faut, pour la croissance de ce
germe ineffable, pour la splendeur de cette
étincelle, des efforts et un aliment ; c'est à
cause de cela qu'il y a en nous le moi qui
n'est pas Dieu, qui lutte contre son Père,
qui cherche à le détrôner ; si ce moi meurt,
il n'y a plus de lutte, il y a mort générale ;
si ce moi se transforme, il y a régénération,
renaissance mystique, salut et vie.

La bataille est donc nécessaire, inévitable,
bénie.

La vie c'est le mouvement ; l'immobilité
c'est la mort ; plus le mouvement est subtil,
plus la vie est haute, puissante, parfaite ;
plus l'immobilité est intérieure, plus la mort
est néfaste et grave. Il faut donc vivre,
c'est-à-dire vouloir sans cesse, sans relâche, le plus hautement possible, dans l'Es-

prit et non dans aucun des aspects de la Matière.

Que le spiritualiste comprenne à fond ceci ; car, s'il est un signe auquel la foule le doit reconnaître, c'est qu'il aura la stature d'un homme de volonté ; et comme nul ne peut vouloir extraordinairement, s'il n'aime extraordinairement, l'amour vrai sera le réactif de sa puissance volitive, et les œuvres de celle-ci les aliments de sa flamme mystique.

§ **13.** — C'est son idéal que le spiritualiste doit chérir d'une tendresse inlassable : c'est à lui qu'il doit tout rapporter, c'est de lui qu'il doit tout attendre.

A l'amant, rien n'a de prix que le sourire remercieur de l'être qu'il aime. Le serf d'une idée ne s'inquiètera donc pas de ses échecs, de ses déboires, de ses recommencements : Cejourd'hui ne semble pas promettre de récolte ? Qu'est-ce que cela fait ? Demain en donnera peut-être : n'est-ce pas le désir de l'Ami que son esclave s'efforce ? Le grand charme du travail est la certitude, qui l'idéalise, d'être le geste que l'Aimé souhaite qu'on fasse. Que ce geste n'ait point d'effet apparent, qu'il soit à répéter cent et cent fois, qu'il nous amène la moquerie ou la haine, qu'il nous épuise, jusqu'à la mort même ? Eh oui ! L'Ami est là qui le

fera resplendir quand il le jugera bon, qui
nous aimera au centuple de ce que nous
aurons été haïs, qui nous recréera beaux de
sa beauté, forts de sa puissance, savants de
toute son intelligence, lucides de toute sa
clairvoyance.

Avançons, non pas dans une heure, mais
de suite ; marchons sans regrets, sans fièvre,
sans plainte. Qui n'avance pas recule ; et
c'est, en vérité par la patience que nous
pourrons nous posséder nous-mêmes.

§ **14**. — « Aucune chose, — écrit le presti-
« gieux Pic de la Mirandole, — aucune chose
« n'est plus profitable que de lire jour et
« nuit, les Saintes Ecritures ; il y a en elles
« une certaine force céleste, vive, efficace,
« qui, animée d'un pouvoir merveilleux,
« convertit l'âme du lecteur à l'amour di-
« vin. »

L'œuvre du savant, de l'artiste, du musicien, du prophète est toujours œuvre d'ins-
piré ; l'auteur est toujours l'interprète d'un
invisible, et si la puissance d'expression du
livre, de l'édifice, ou de l'objet d'art dépend
de la maîtrise technique et de la compréhension animique du travailleur, si sa puissance
de rayonnement se proportionne à la récep-
tivité du public, — la puissance cultivatrice,
l'émotion, l'émulation, l'ardeur que l'œuvre
va susciter, dépendront de l'altitude, de la

pureté, de la beauté intrinsèque de l'invisible inspirateur.

Un homme robuste et qui travaille, jouit d'un bon appétit ; il faut que notre sensibilité, que notre esprit, que notre mental travaillent pour avoir faim. La faim intellectuelle cela s'appelle le désir d'apprendre ; la faim psychique s'appelle l'admiration ; la faim passionnelle se nomme l'amour ; la faim du cœur spirituel, c'est l'adoration de Dieu.

Il faut donc que l'aspirant spiritualiste s'apprenne à apprendre, s'apprenne à aimer, s'apprenne à admirer, s'apprenne à adorer.

§ **15**. — Regardons les herbes des champs ; combien d'entre elles, répandues à foison, contiennent, pour le thérapeute sagace, les vertus curatives les plus énergiques ! Ne faisons pas comme le promeneur désœuvré, ni comme le savant à système ; les vieux alchimistes disent que la matière de leur poudre philosophale est commune et que les enfants s'en servent tous les jours dans leurs jeux. Illustration ingénieuse d'une vérité générale, cette remarque doit nous rendre attentifs à tout autour de nous. Il n'est pas de monstre qui ne révèle quelque beauté à l'œil du peintre ; il n'est pas d'homme vulgaire chez qui l'amant du divin ne puisse faire jaillir quelque étincelle d'idéal.

Ne rejetons rien ; tout s'offre à nos enquê-
tes ; ne refusons aucune aide ; ne fuyons
aucun travail ; et comme enseigne le vieux
théodidacte, Jacob Bœhm, « que le disciple
« apprenne à ne dire jamais : Non, dans la
« Colère, — et à dire toujours : Oui, dans
« l'Amour. »

Le grand Alchimiste emploie une substance extrêmement vile ; les perles et les
gemmes que sa divine industrie sait en
extraire, n'en sont que plus précieuses ;
pourquoi serions-nous plus difficiles que
Lui dans nos petits travaux, tâtonnants et
hasardeux ?

CHAPITRE II

---

§ **16**. — Car, à vrai dire, il n'y a réellement pas dans l'univers les classifications, les genres, les systèmes, par quoi les hommes essaient d'en rendre la compréhension plus facile. Les hiérarchies des êtres sont reliées les unes aux autres par des transitions insensibles ; entre les sphères, entre les plans, entre les mondes, ont lieu de continuels échanges, des pénétrations, des fusions, des dislocations incessantes : rien n'est fixe de ce qui se trouve dans la limite de l'enquête humaine.

Les seuls cadres immuables, nous ne pouvons pas les percevoir ; ils sont faits d'une substance trop subtile pour notre conscience actuelle. De sorte que ceux qui veulent avancer et s'agrandir, ne doivent pas accorder aux mots une trop grande importance ; qu'ils ne soient pas pusillani-

mes; qu'ils ne craignent point le nouveau,
sans cesser d'avoir pour le traditionnel le
respect qui lui est dû.

§ **17.** — Mais par dessus tout, l'effort
indispensable à celui qui veut servir un
idéal est de le désirer. Cela ne suffit pas de
s'en ressouvenir de temps à autre quand le
vide de l'existence nous opprime; un désir
constant, toujours plus fort, qui creuse en
soi, qui s'élance hors de soi, qui consume
les autres inquiétudes, qui nous relève
quand nous tombons, qui nous alimente:
c'est par un tel feu que l'Idéal demande
d'être honoré. Tous les soupirs de l'homme
vont vers des êtres vivants ; on ne peut rien
pressentir, rien concevoir, rien souhaiter
qui ne soit, sous son aspect essentiel, un
individu, intelligent, libre et responsable.
La débilité de notre cœur, et l'obscurité de
notre intellect nous empêchent d'écarter les
voiles dont se couvrent ces anges; cependant, qu'ils revêtent une forme d'art, d'harmonie, de philosophie, de science, d'inven-
tion, de génie ethnique, de sentiment
passionnel, d'aura magnétique, de substance
corporelle, — si notre culte est pur et fer-
vent, c'est-à-dire sans égoïsme ni paresse,
— ces créatures idéales nous permettent de
les découvrir, elles nous adoptent dans leur
famille; comme l'a dit la vieille sagesse

védique, tout dévôt se transforme en l'être même du dieu qu'il adore.

§ **18**. — Choisissez donc votre dieu, avec précaution, avec prudence, avec larmes, avec flamme.

§ **19**. — Tout, dans cet Univers, est apparié, bien qu'il y ait des créatures qui se multiplient autrement que par la fusion temporaire de deux en un. Notre mariage civil et religieux n'est que la plus grossière et la plus facile des nombreuses sortes d'union par lesquelles les êtres s'élèvent le long des chemins du Monde. La volonté humaine est l'époux des êtres inférieurs, qui la suivent et qui l'adorent. L'individualité humaine est l'époux plus ou moins fidèle d'êtres plus forts, qu'elle désire avec une ardeur presque toujours cupide.

§ **20**. — Ayant choisi votre dieu, appliquez-vous donc à épurer les motifs de votre amour.

§ **21**. — Quand la graine a germé dans le sein de la vieille mère commune, elle s'y nourrit du plasma qui l'entoure. Quand notre esprit a conçu une idée, il doit le nourrir de toutes ses forces environnantes, avant de pouvoir l'extérioriser. Cette période d'enfantement psychique s'appelle la compréhension ; quant à l'intellect, c'est la

méditation par quoi s'élaborent les pensées ;
dans le passionnel, c'est le désir inconscient, qui aboutit à l'explosion de l'amour ;
dans le physique, c'est le travail obscur de
l'instinct qui prend par l'acte une forme
sensible.

§ **22**. — Une fois donc l'idéal compris et
conçu, il faut le faire vivre ; il faut qu'il s'exprime dans notre vie extérieure avec la
même totalité qu'il sature notre vie intérieure. Nous l'enfantons ainsi ; nous lui
donnons des formes physiques ; nous le
matérialisons ; et cela s'opère par l'accomplissement de nos devoirs.

§ **23**. — Toutes les routes que suivent les
créatures aboutissent à deux voies, toutes
les méthodes d'éthique sont déduites de
deux théories: la première est le culte du
moi, la seconde est la guerre contre le moi.
Les traités de Zénon, le système du « Je »
de Fichte, le surhumanisme d'Emerson
et de Nietsche, l'Unique de Stirner rayon-
nent une beauté par l'autocratie où ils ten-
dent, par leur convoitise de tout posséder,
par leur rejet de toute influence extérieure,
par leur liberté indomptable, par leur méthode originale de développement personnel ; toutefois, ils conduisent à l'orgueil ; ils
érigent l'homme en dieu, et tyrannisent la
portion du monde la plus grande possible.

Ils oblitèrent le sens moral : celui qui se croit plus fort, se met au-dessus de la loi, et combien y a-t-il alors de chances pour qu'il se tienne dans le bien ? Enfin, et c'est là le plus grave tort de ces conceptions, elles tuent en nous l'idée de Dieu.

§ **24**. — On se rend mal compte de la gravité de cette dernière tare. L'athéisme, vu du plan de l'Esprit, est réellement une monstruosité et ravale l'homme au niveau de la brute ; je ne prétends pas que parce qu'on ne croit pas à l'existence d'une entité divine personnelle, rien de ce qu'on peut faire de bien, de beau et de vrai, ne soit plus valable. Au contraire, l'incrédule qui se conduit tout de même en honnête homme, offre un spectacle émouvant au premier chef et donne un exemple héroïque, que bien des gens à vagues religiosités, à molles aspirations, devraient regarder avec un respect admiratif.

§ **25**. — De tels athées prouvent d'une façon irréfutable l'existence du Dieu qu'ils méconnaissent. Ils expriment pleinement la grandeur de l'âme humaine et sa noblesse originelle; ils sont la noble fleur des générations qui les précédèrent; ils sont un reproche vivant à tous ceux qui croient et qui n'agissent pas; peut-être un jour, en seront-ils les juges. Vous donc qui avez choisi la seconde route, celle qui est une bataille incessante contre le moi, prenez garde que vous devez vous battre ; prenez garde que vous devez à votre Maître de susciter l'admiration autour de vous ; vous n'êtes plus seuls, vous avez une responsabilité formidable, celle d'être les représentants de votre idéal.

§ **26**. — De quelque côté que l'on envisage la vie, nous sommes amenés à la conclusion que, si même il n'existait pas de Dieu personnel, si même, par impossible, il n'existait pas de cause première, le Devoir serait encore le mot de l'énigme, et l'étoile polaire sur laquelle nous conduisons notre marche.

Voyons maintenant quel est ce Devoir.

§ **27**. — Logiquement, à cause de la faiblesse de notre état actuel, — car l'homme le plus fort est tout de même très petit encore en face de ce qu'il sera dans sa perfection, — le premier être envers lequel nous ayons des devoirs c'est nous-mêmes. Ensuite, et toujours proportionnant notre travail à notre force, c'est de notre famille qu'il faut nous occuper. Puis viennent les devoirs envers la cité et envers la patrie. Puis ceux envers la religion. Puis ceux envers le genre humain tout entier. Et enfin, nos devoirs envers Dieu, achèvent, complètent et harmonisent l'ensemble des six premières œuvres qui viennent d'être énumérées.

§ **28.** — L'idée des devoirs auxquels on est tenu envers soi-même, doit prendre sa source dans la conception suivante. L'homme réel n'est ni l'individu physique, ni la personne morale, ni même l'entité libre et volontaire à quoi les plus subtils philosophes assignent la première place dans le composé humain. L'homme, selon l'absolu, est quelque chose d'extrêmement haut, de surnaturellement grand. Une minime fraction de cette vaste lumière arrive seule à se faire jour sur l'écran de la stase de vie terrestre: c'est ce qui constitue le champ de la conscience.

§ **29.** — Pour la commodité du langage, j'appellerai âme, l'homme éternel, idéal et absolu ; j'appellerai esprit, l'homme très complexe qui développe ses activités dans le champ de la surconscience ; enfin la portion de l'être que circonscrit le champ de la conscience se divisera tout naturellement en un foyer intellectuel, un foyer animique et un foyer physique. L'intellectuel évertue toutes les activités pensantes ; l'animique rayonne tous les feux du désir, de la passion, du sentiment ; le physique comporte toute la physiologie physico-chimique et fluidique.

§ **30**. — Ceci posé, il faut concevoir que l'âme voyage à travers toutes les stases de la vie objective, en se vêtant, pour chacune d'elles, d'organismes qu'elle leur emprunte. Son arrivée dans une place du monde est une naissance; son départ y est une mort. Par suite, au point de vue de l'Absolu, l'âme détient seule la réalité permanente; mais, au point de vue des relatifs, chacun des modes d'existence qu'elle traverse est une réalité temporaire.

§ **31**. — De là, et pour nous borner à cette vie terrestre, se déduisent deux conclusions. La première, c'est que rien de nous n'appartient en propre au moi actuel : le corps, la sensibilité, les fluides, les affections, les facultés psychiques, intellectuelles et morales, ne sont que des instruments de travail prêtés par la Nature, pour une certaine période, dans un certain but. Nous sommes des intendants, des gérants, des commissionnaires.

§ **32**. — La seconde conclusion, c'est que l'existence présente n'est pas illusoire, ni insignifiante. Elle est réelle, elle est grave, elle est pleine à éclater de semences vitales, qui n'attendent pour jaillir dans le champ du cosmos que la chaleur de notre bon vouloir. Elle attend dans l'angoisse notre collaboration; nous sommes son Dieu, son sauveur, son messie; elle nous aime, elle nous vénère; elle nous prie, nous pouvons lui procurer sa béatitude.

§ **33**. — Ainsi nous devons en premier à notre corps la nourriture, le vêtement, l'abri, le sommeil, l'hygiène. Ce n'est pas le lieu d'entrer ici dans le détail de ces devoirs; on a beaucoup écrit là-dessus ces dernières années; et la médecine préventive a été l'objet d'abondantes et d'ingénieuses vulgarisations. Il suffit de savoir qu'il faut rendre notre corps sain, robuste et beau; afin que l'idéal intérieur soit bien accueilli de nos frères, habillons-le d'un vêtement aimable et noble, que l'attitude et les traits soient le miroir véridique de la grandesse de nos sentiments, de l'élévation de nos pensers. « La beauté du corps, dit « Marcile Ficin, ne consiste pas dans l'om- « bre matérielle, mais dans la lumière de « la forme ; non dans la masse ténébreuse « du corps, mais dans une lucide propor- « tion, non dans la paresseuse lourdeur de « cette chair, mais dans le nombre et la « mesure. »

§ **34**. — Ecoutez un motif de Rossini, regardez une peinture de David; voici à côté un air analogue de Bach et une figure semblable de Giotto: les premiers sont jolis et corrects; les seconds nous émeuvent et nous transportent ; ceux-là témoignent d'un métier parfait ; ceux-ci portent la griffe sublime du génie. Ainsi l'externe obéit à l'interne ; faites de même : que votre corps devienne beau à cause de votre beauté intérieure ; mais que votre âme ne subisse point l'influence de votre corps. Tout, dans la Nature, croît du centre à la circonférence, du dedans au dehors : suivez cette loi, dans votre culture et dans vos travaux.

§ **35.**— « Pour la conduite de la vie, dit « Amiel, les habitudes font plus que les « maximes, parce que l'habitude est une « maxime vivante, devenue instinct et chair. « Réformer ses maximes n'est rien, c'est « changer le titre du livre. Prendre de nou- « velles habitudes, c'est tout, car c'est « atteindre la vie dans sa substance. La vie, « n'est qu'un tissu d'habitudes. » Si je cite souvent cet écrivain, c'est que son modernisme rend sa pensée plus proche de la nôtre et plus compréhensible. La Nature, — ou Dieu, — nous prépare toujours à portée de notre main, tout ce qui nous est nécessaire. L'homme le plus isolé, le plus pauvre, le plus ignorant, trouve à côté de lui, dans sa solitude, l'aide morale dont il a besoin, comme il lui arrive pour sa nourriture matérielle. Mais il est nécessaire de chercher.

§ **36.** — Le travail est la condition *sine*

qua non, non seulement de notre progrès, mais de notre existence même. Reconnaissons la valeur inestimable du temps que la Nature nous accorde.

Il ne s'agit pas de s'impatienter, de s'énerver, de perdre la tête. Ayons de la présence d'esprit, c'est-à-dire une perpétuelle possession de nous-mêmes dans le calme de la prévoyance, la rapidité du jugement et l'énergie de la décision. En effet, cet art suppose une longue expérience préalable. Il faut avoir appris à connaître les choses, les besoins, les événements, les hommes; il faut sentir l'essentiel; il faut avoir de l'ordre dans les idées comme dans les actes; il faut savoir finir un travail avant d'en commencer un autre. Chaque jour est un œuvre complet; c'est dans ce sens que Jésus dit : « A chaque jour suffit sa peine », et que la sagesse païenne ajoute : « Hâte-toi lentement.»

§ **37.** — On ne se repose pas dans une immobilité absolue, mais dans l'alternance des occupations. Une flânerie, une rêverie, ces récréations de la pensée, sont encore des travaux sains si on ne se les permet pas trop souvent; il faut laisser des fenêtres ouvertes.

Ce n'est pas tant une analyse constante, minutieuse, approfondie, qui nous perfectionne, que l'effort pratique vers le devoir quotidien. Employer trop de soins à la critique de soi-même fait oublier les autres et empêche d'agir. Etre consciencieux aug. mente l'énergie ; avoir la maladie du scrupule anémie la volonté.

De plus, il faut se rappeler de temps en temps, que l'enfant ne marche pas à la suite d'un cours de mécanique et d'anatomie ; c'est l'expérience qui le guide. Or, nous ne pouvons jamais raisonner que sur le connu ; l'inconnu échappe à notre examen mental ; pour renouveler notre provision de concepts, d'idées, d'opinions, il est donc indispensable de ne pas nous construire de barrières et d'accueillir l'inconnu, l'improbable, l'inouï. C'est cette liberté intérieure qui assure la paix aux incubations de l'inconscient. Tout est possible ; soyons hospitaliers dans toutes les maisons de notre esprit.

§ **38.** — La tentation est en nous par le fait même que nous existons ; elle y travaille par une fermentation analogue aux fermentations microbiennes ; le commencement du mal, aussi bien psychique que physique, est presque imperceptible ; c'est pour cela que les moralistes se montrent si méticuleux. Là encore, il faut que la résistance vienne du dedans, et que l'impavidité morale assure la stabilité physique. Nous sommes des créatures, et à cause de cela, notre perfection c'est l'équilibre. Tel est l'enseignement

essentiel des sages de tous les temps et de
toutes les races ; si on nous dit qu'ils ont
professé une autre doctrine, soyons certain
que c'est une opinion fausse d'un commen-
tateur trop hâtif. Et si un excès nous paraît
indispensable, veillons à le balancer par un
autre de sens contraire ; réalisons l'harmonie dans chacun de nos principes et dans les
relations réciproques de ces principes. C'est
le meilleur moyen de ne pas donner prise
aux ennemis visibles et invisibles.

§ **39.** — Sachons que toute pratique se
précède d'une théorie ; que tout acte pro-
cède d'une pensée ; que toute réalisation
jaillit d'une contemplation. Si l'on contem-
ple, l'esprit cherche et s'inquiète, mais le
corps est dans le calme ; si l'on réalise, le
corps se passionne, mais l'esprit reste
serein. Telle est la balance des activités
dans le champ de la conscience mentale.
Si l'on va plus profondément en soi, c'est
une nouvelle vibration qui s'inaugure : le
mental et le physique sont alors deux bielles
qui travaillent alternativement, mais sans
relâche ; cependant qu'au fond de l'être, la
source d'énergie demeure calme, immobile,
sereine ; c'est la paix du cœur.

Voilà l'attitude qu'il faut prendre pour ne
rien perdre de la conversation de l'Idéal et
pour réaliser avec force les fruits de ce
mystérieux colloque.

§ **40.** — Si ingénieuses que soient les théories psychologiques connues, sachons que toutes ne sont que des classifications, c'est-à-dire des analyses à un point de vue particulier, La science vraie de l'homme verra autre chose ; ces strates que l'analyse sépare ont, comme les couches géologiques, des pénétrations, des causes et des prolongements inconnaissables à l'intellect, et que l'inspiration seule peut découvrir. Là donc encore, la clavicule, l'arcane, le mot de passe et le signe de reconnaissance, c'est la nudité du cœur pur, qui force les choses à se dévoiler. En d'autres termes, tous nos devoirs envers nous-mêmes se résument de la sorte : travailler pour l'idéal, soigner nos organes et nos puissances, de façon à ce qu'ils rendent le meilleur travail et le plus utile.

CHAPITRE III

---

§ **41.** — L'entité la plus proche envers
qui nous avons des devoirs, c'est notre
famille. Que les enfants ne jugent pas leurs
parents ; les vieux codes religieux ont trouvé
tous une formule parfaite de la conduite
filiale : Honore ton père et ta mère. Et en
fait, les roues des générations sont telle-
ment enchevêtrées que celui-là qui, par
extraordinaire, connaît quelque chose à
l'ontologie secrète d'une famille, la prudence clôt ses lèvres, et la crainte de ren-
verser le fragile édifice de la paix domestique lui commande de ne dire que le pré-
cepte général énoncé plus haut.

§ **42.** — Ce n'est que plus tard, quand
parents et enfants ont montré tour à tour
leur affection réciproque en donnant leurs
peines et jusqu'à leur vie les uns pour les
autres, que commence l'application du con-

seil évangélique : quitter la famille pour suivre Dieu. Ne soyons pas vains ; n'entreprenons pas un travail ardu parce qu'un plus commode nous est déjà insupportable ; pas de présomption en nulle circonstance.

Quand les petits labeurs nous deviennent trop faciles, la Nature se charge bien de nous en apporter de moins agréables ; et c'est à faux qu'une œuvre nous paraît commune, ou fastidieuse. Si le Destin nous donne pour la millième fois la même tâche, il est hors de doute, que les neuf cent quatre-vingt-dix-neuf premières fois, nous ne l'avons pas assez bien faite. Notre altitude morale ne se mesure pas au retentissement de nos actes, mais à l'exaltation de notre cœur.

§ **43.** — Le mariage aussi est une œuvre difficile ; voyez-le comme une collaboration, comme un colloque, comme un mutuel dévouement. La femme doit aimer l'homme à fond ; qu'elle ne craigne rien ; le beau rôle lui appartient si elle fait cela ; qu'elle l'aime pour lui et non pour elle ; les inquiétudes, les espoirs, les triomphes, les lassitudes du mari doivent être ses inquiétudes, ses espoirs, ses triomphes et ses lassitudes. Qu'elle surmonte ses craintes ; qu'elle sache que la gêne matérielle est nécessaire à la réussite spirituelle ; que ce soit elle qui élève le cœur de l'époux. Quant à celui-ci, qu'il demeure fidèle à sa parole, exact à son travail, attentif aux intuitions de son épouse.

§ **44.** — Le mariage véritable serait l'union de deux êtres dans tous les modes de leur existence; — dans tous les départements de leurs esprits, dans toutes les aspirations de leur cœur; cette utopie platonicienne n'est cependant en réalité, qu'une vue de l'intellect; car tant que nous sommes quelque part dans la création, nous avons des corps; si beaux et si sublimes soient-ils, ce sont toujours des formes matérielles qui portent, par définition, l'indestructible ferment du mal et de l'égoïsme : cette théorie est donc le suprême effort de la raison humaine haussée jusqu'au seuil de l'Amour.

§ **45.** — Le mariage est une étape avant de parvenir à la pure concorde, où rien de particulier ne subsiste, qui est l'atmosphère même du royaume de Dieu. L'homme et la femme sont des étrangers; le Destin les assemble, pour que, se connaissant, ils deviennent amis et unis, dans la mesure où ils perdront ce qui les constitua homme et femme.

§ **46.** — Les parents ont envers leurs enfants trois sortes de devoirs : physiques, éducatifs, instructifs. En théorie, ils devraient les leur rendre eux-mêmes tous trois; en pratique, les nécessités de l'existence font

qu'ils ne peuvent s'occuper que de la première de ces séries. Le prêtre est là, ou
devrait y être, pour la seconde ; et l'instituteur pour la troisième. Nous ne parlerons
pas de l'assistance corporelle due par un
couple à sa progéniture.

§ 47. — Quant à l'assistance morale, dans
une société synarchique, elle appartiendrait
au prêtre, parce que la religion est le principe réel de l'éducation. Chez nous, les parents doivent assumer cette charge, et ceci
est peut-être un bien, car ils trouvent là un
motif de reprendre leur attitude essentielle
de ministres de Dieu à leur foyer, et d'intermédiaires naturels entre l'Idéal et l'organisme domestique. Ils ont ici un devoir
grave et sacré ; leur exemple est le plus
efficace des enseignements.

§ 48. — Les premières leçons à donner
à l'enfance sont des leçons de choses, des
commentaires aux phénomènes quotidiens,
des comparaisons extraites de la vie des
animaux, des pierres, des plantes ; des rap-
pels fréquents à la cause première, à l'action
de l'Invisible, de quelque nom qu'on le
désigne, des conclusions de morale pratique. L'enfant ne raisonne pas, il sent. Ce
n'est donc pas des théories qu'il lui faut,
mais des images dont on lui extrait la signi-
fication.

§ 49. — L'enfant est imitateur : il obéit bien plus à ce qu'il voit qu'à ce qu'on lui commande. Si donc les parents ont, par la triple loi naturelle, civile et religieuse pouvoir sur lui, il est préférable qu'ils s'attachent en outre à acquérir de l'autorité, c'est-à-dire à faire naître en lui le respect, l'admiration et l'amour. Ils arriveront à ceci en donnant le bon exemple. Il ne faut pas que ce petit trouve jamais chez eux la moindre contradiction; il ne faut pas qu'il les voie versatiles, impatients, capricieux; leurs actes et toutes leurs paroles doivent lui sembler parfaits. Que leur tendresse ne les entraîne pas; qu'ils sachent en rester maîtres, qu'ils la mesurent, qu'elle ne dégénère pas en sensibleries; qu'ils se surveillent sans cesse, car l'enfant est observateur attentif et psychologue pratique; il possède d'instinct la patience, la simplicité de vouloir, la ténacité qui le feront obtenir ce qu'il convoite. Donc les parents doivent se montrer devant lui ce qu'ils sont dans l'Idéal : sages, parfaits, calmes et bons.

§ 50. — « Les affections les plus pures, dit Épictète, sont celles de la famille ». Mais à condition que les membres du foyer se purifient; surtout qu'ils apprennent à se connaître; rien n'est plus rare que des parents qui voient juste les aptitudes et les ressources morales de leur progéniture ; et l'inverse est aussi vrai trop souvent.

§ **51.** — Aucun soin n'est indigne ou superflu dans l'éducation des enfants ; les moindres paroles, les actes les plus minces trouvent dans cette terre vierge, une merveilleuse facilité de germination ; le père et la mère doivent paraître comme ces deux aspects de Dieu, dont parle la Kabbale, et qui s'expriment par la libration perpétuelle de toutes choses. Le Pouvoir et l'Autorité, la Loi et la Grâce, la Justice et la Miséricorde, tels sont le père et la mère parfaits.

§ **52.** — L'instruction des enfants exige de profondes réformes ; la tendance actuelle qui recommande l'usage des leçons de choses est excellente ; il faut noter et publier les louables et ingénieux efforts de M. Laisant dans cet ordre d'améliorations. M. Barlet dans un livre trop peu connu, l'*Instruction intégrale* a élaboré un admirable système d'études, en cercles synthétiques, de plus en plus complets, où les matières des examens actuels sont réparties de telle sorte que l'élève puisse toujours sentir des vues d'ensemble et des notions générales organiques. Nos gouvernants devraient aussi s'inspirer des méthodes d'instruction que la Suisse emploie, et connaître les soins scrupuleux que les communes helvétiques prodiguent à ces masses scolaires qui représentent l'espérance, l'avenir et la fleur d'un pays.

§ **53**. — La règle d'un état libre est l'égalité naturelle de tous les citoyens et de leurs droits; les gouvernants doivent, comme première obligation, prouver qu'ils respectent la liberté de leurs administrés; ils sont leurs égaux; seule, la différence occasionnelle de leurs fonctions sociales les en distingue. Aussi, nos devoirs civiques sont des offices, au sens stoïcien du mot; des fonctions réciproques, comme celle de la polarité physique, de l'équilibre moléculaire, de la balance des orbes sidéraux. Nous sommes des atomes de l'état social; ce soleil nous entraîne dans sa course, et chacun de nous influe sur sa biologie générale. C'était un lieu commun de l'école de Zénon, c'est encore un principe inné de l'âme chinoise que cette dépendance du tout avec chacune de ses parties, et de chacune de ces dernières avec l'entité collective qui les agrège. Tout acte de l'individu « qui ne se « rapporte pas, soit immédiatement, soit « de loin, à la vie commune, met le désor- « dre dans notre vie, lui ôte son unité, « rend le citoyen factieux. » (Marc Aurèle).

§ **54**. — Il vaut mieux travailler pour sa famille que pour soi seul, pour ses amis, que pour sa famille, pour ses concitoyens inconnus que pour ses amis, pour l'humanité que pour sa patrie, pour Dieu que pour l'humanité. Mais on ne peut entreprendre raisonnablement le difficile qu'après avoir accompli le facile. Donnons donc à nos devoirs une hiérarchie, ou plutôt, comme nous ne connaissons pas les rapports mystérieux des choses, et que notre système, quelque sage qu'il soit, risque fort de les altérer, obéissons à l'ordre divin qui se manifeste sans cesse à nous par l'appel des événements, des circonstances et des rencontres que le hasard apparent place devant nos pas. Ceci est la sagesse la plus universelle.

§ **55**. — Ne refuse pas, pour atteindre un but civique, social ou général, l'aide que d'autres hommes peuvent t'offrir. Des forces mises en commun sont puissantes en proportion géométrique et non arithmétique, sous entendu que rien ne s'y mêle de vaine gloire, de suprématie ou d'égoïsme. Considère la promesse que le Verbe fait d'être au milieu de quelques-uns dès qu'ils se réunissent « en son nom », c'est-à-dire, pas pour leur science, leur fortune ni leur gloire personnelles, mais pour concevoir plus clairement et réaliser plus sainement un idéal commun.

§ **56**. — Toute association qui ne repose
que sur la matière et qui ne se propose que
la matière, se trouve condamnée à une
prompte mort. Si la valeur essentielle d'un
homme est en raison des objets qu'il affec-
tionne, haussons le concept de famille jusqu'à la cité ; haussons celle-ci jusqu'à la
province, jusqu'à l'Etat, jusqu'à la race,
jusqu'au genre humain terrestre, jusqu'au
total des créatures. Plus les sujets de nos
inquiétudes grandissent, plus aussi les ave-
nues de notre esprit s'élargissent, les hori-
zons de l'intelligence s'étendent, plus les
flèches de la volonté portent juste et loin (1).

§ **57**. — Il y a donc beaucoup à réformer
dans l'ordre social. La politique, l'extérieure
surtout n'est que ruses, cruautés, crimes,
embuscades lâches ; l'homme d'Etat ne peut
plus se permettre le luxe d'une idée géné-
reuse, d'une entreprise humanitaire. Les
nouveautés actuelles sont des pièges, des
nids de discorde. Le socialisme n'est qu'une
déïfication de l'Etat-Trésorier, de la manie
administrative. Le syndicalisme est une ca-
ricature impudente de la fraternité des anciens compagnonnages. Le féminisme fonc-
tionnariste est une aberration. Seuls nous
restent quelques flambeaux, des enthou-

(1) Cf. *Les Missions* de Saint-Yves d'Alveydre,

siasmes individuels, le désintéressement de
l'inventeur, le travail inlassable du savant,
la passion de l'artiste. On s'endort dans la
torpeur du confortable. L'ouvrier n'est plus
qu'une sorte de bourgeois dissipateur; la
femme du peuple, ne croyant plus à rien,
n'a d'attrait que pour les soldes des maga-
sins de nonveautés; le bourgeois ne cherche qu'à faire des économies et à tromper
le fisc.

§ **58.** — Dans ces conditions, le révolution-
naire devient utile, et la guerre est un bien,
Les peuples ont aussi des opérations chi-
rurgicales nécessaires; ce n'est pas parfait,
mais c'est ce qui se trouve de moins mal,
quand la médecine est impuissante. La
guerre est un excitant, un coup de fouet,
une flambée d'énergies; et tant que dans le
plus humble des hameaux, le voisin atta-
quera son voisin, elle sera inéluctable entre
les provinces, les peuples et les races. Les
pacifistes oublient qu'un palais se construit
de bas en haut et pierre à pierre, mais non
pas en commençant par le toit ni par les angles.

§ **59.** — Quant à nos devoirs religieux,
voyons d'abord qu'est-ce que la religion :
« Ce matin les accents d'une musique de
« cuivre arrêtée sous mes fenêtres, m'ont
« ému jusqu'aux larmes. Ils avaient sur moi
« une puissance nostalgique indéfinissable.

« Ils me faisaient rêver d'un autre monde,
« d'une passion infinie, d'un bonheur suprê-
« me. Ce jour-là les échos du paradis dans
« l'âme, les ressouvenirs des sphères idéa-
« les dont la douceur douloureuse, enivre
« et ravit le cœur. O Platon, ô Pythagore,
« vous avez entendu ces harmonies, surpris
« ces instants d'extase intérieure, connu
« ces transports divins! Si la musique nous
« transporte ainsi dans le ciel, c'est que la
« musique est l'harmonie, que l'harmonie
« est la perfection, que la perfection est
« notre rêve, et que notre rêve c'est le ciel.
« Ce monde de querelles, d'aigreurs, d'é-
« goïsme, de laideur et de misère, nous fait
« involontairement soupirer après la paix
« éternelle, après l'adoration sans bornes
« et l'amour sans fond. Ce n'est pas tant de
« l'infini que nous avons soif que de la
« beauté. Ce n'est pas l'être et les limites
« de l'être qui nous pèsent, c'est le mal, en
« nous et hors de nous. Il n'est point néces-
« saire d'être grand pourvu qu'on soit dans
« l'ordre. L'ambition morale n'a point d'or-
« gueil; elle ne désire qu'être à sa place,
« et bien chanter sa note dans le concert
« universel du Dieu d'amour (Amiel). »

§ **60.** — Une religion, par conséquent, est
l'ensemble des règles instituées pour que
telle fraction du genre humain puisse s'unir

dans l'invisible à un aspect de Dieu et lui
donner dans le visible une forme familiale,
sociale, esthétique et intellectuelle. Toutes
les religions sont donc bonnes si on en ob-
serve le principe essentiel et commun; mais
toutes n'indiquent pas la même route ni n'offrent les mêmes secours.

§ 61. — Regardez les uns après les autres, tous les systèmes de morale : les chré-
tiens, les stoïciens, les platoniciens, et les
vénérables orientaux, tous s'inaugurent par
la fixation d'un but; il faut une cible, un
centre, une cîme ; il faut ramener les modifications du non-moi et les tourbillons du
moi à la commune unité d'un idéal.

§ 62.— Cet idéal est, comme toute chose,
à la fois intrinsèque et extrinsèque; les
anciens savaient que l'homme marche toujours en compagnie d'un invisible guide ;
Socrate et son daïmon forment en vérité le
même couple que le catholique et son ange
gardien; ce génie est en dehors de nous
mais sa correspondance avec notre individualité, ses dialogues avec elle, lui donnent
l'air d'en être un hôte.

§ 63. — Or puisqu'une religion est l'œuvre d'une des puissances directrices du
monde, cette puissance donne quelque chose à ceux qui naissent dans son empire ter-

restre, et par suite, ces derniers ont envers
elle un devoir de reconnaissance. Il ne faut
pas de moyen terme ; ou bien on accomplira
strictement tous les préceptes de son Eglise,
ou bien on s'en abstiendra complètement,
si l'on est incrédule, le mieux c'est d'agir
selon l'opinion des gens avec lesquels on
se trouve. Dieu nous voit, et Il nous a com-
mandé de ne pas faire de scandale. Appli-
quons les règles suivantes.

§ **64**. — Ne vous amoindrissez pas à observer un rituel de tenue et de contenance,
comme les Jésuites font faire à leurs novi-
ces ; procédez du dedans au dehors ; que
notre extérieur soit l'expression libre et
spontanée de notre interne : Celui qui n'a
pas dans son cœur la bienveillance, le courage, la gravité, ne peut pas sans un men-
songe visible, exprimer ces vertus sur son
visage ; qui porte en soi l'éternelle Beauté,
ne peut pas ne pas être beau dans ses ges-
tes et dans sa figure ; qui utilise toutes les
minutes, n'aura jamais de paroles oiseuses
ni de rires puérils. Enfin, distinguez avec
soin la religion et le cléricalisme ; les ministres d'une foi sont des hommes, hélas,
et non pas des saints. Ne chargez pas de leur
faute le Dieu qu'ils prétendent représenter.

§ **65**. — Non seulement donc il faut agir,
réfléchir et aimer beaucoup ; mais il faut

faire tout cela le plus tôt possible ; la quan-
tité ne suffit pas ; il faut que nos œuvres
soient de la meilleure qualité ; choisissons
dès lors parmi les centres de force, le plus
profond, le plus haut, le plus immuable ;
notre effort nous modèlera à son image ; et
plus notre but sera proche de l'Unité pri-
mordiale, plus notre être reproduira cette
Unité harmonieuse.

§ **66.** — Passons nos mobiles à la pierre
de touche. Nous voulons ne pas vouloir ;
mais cette abnégation peut être une paresse ;
nous voulons de notre chef, cette volonté
propre peut être un héroïsme saint. Si notre
obéissance, si notre martyre consenti ten-
dent à notre salut personnel, ce sont des
égoïsmes ; et ces fruits à la belle apparence
portent en eux leur ver rongeur. Prenons
garde de subir la tyrannie au moyen du
secret espoir d'être un jour tyrans. Prenons
garde que l'épigramme de Nietzsche ne se
vérifie par nous : « Celui qui s'abaisse *veut*
se faire élever. » Prenons garde enfin que
Jésus n'ordonna jamais que nous nous ren-
dions les jouets inertes et passifs des circonstances et des caprices de nos voisins,
mais tout le contraire: que nous agissions
dès que nous avons envie de nous reposer,
que nous prenions justement dans une
alternative le parti qui nous déplaît, et que,

quand l'action nous enivre, nous sachions
nous arrêter pour une autre œuvre plus
prosaïque.

§ 67. — Ici, prennent place nos devoirs
envers le genre humain total ; ce sont les
mêmes que tout à l'heure, leur horizon seulement devient plus vaste. Agir, se résigner, pardonner, c'est en cela que tout se
résume.

§ 68. — D'abord, comprenez le sens de
cette parole : « Aide-toi, le Ciel t'aidera. »
Il faut remuer, il faut agir ; il faut « ne pas
« se laisser aller, surtout devant soi-même »
(Nietzsche). L'aide du Ciel vient ensuite,
mais seulement alors ; et elle peut prendre
les formes les plus diverses ; l'aspect d'un
paysage, le mouvement d'un animal, la
structure d'une fleur, le regard du passant,
le hasard d'une parole, tout cela sont les
voiles de la collaboration divine ; tout cela
c'est la Nature entière, y compris les hommes, qui nous offre son multiple concours.
Le Non-moi imite l'attitude que le Moi prend
avec lui.

§ 69. — Le plus essentiel des devoirs est
de n'être que le moins possible à charge
aux gouvernants de cet univers ; et pour
cela, il ne faut pas s'en retirer. « C'est un
« déserteur, celui qui se dérobe à l'empire

« des lois de la cité; un aveugle, celui qui
« a les yeux de l'intelligence fermés; est
« indigent, celui qui a besoin d'autrui; un
« abcès dans le corps du monde celui qui
« s'en retire à cause des chagrins que lui
« font éprouver les accidents de la vie; un
« lambeau celui qui a arraché son âme de la
« société des êtres raisonnables. » (*Marc
Aurèle.*)

§ 70. — Dire que le monde est un tout
organisé ne frappe pas l'imagination; voyez
le monde comme un animal, comme un
homme immense, et d'une forme trop vaste
pour que notre regard puisse l'embrasser
tout entière; c'est ainsi que le comprenaient
les anciens sages chinois, hindous et sémi-
tes. Voyez le cosmos, avec la diversité infinie des substances qui le composent, comme
un être étonnamment complexe, mais vita-
lisé par une âme unique; voyez-en tous les
modes d'existence comme des fonctions
physiologiques et psychologiques, soumises
à une loi centrale qui est la volonté de Dieu.
Voyez cette créature immense en train
d'accomplir un travail dont la nature nous
échappe, comme le sens et le but d'une
montre échappent à tel atome de l'index
de l'horloger, et bien plus encore. Songez
enfin, que vous pouvez coopérer à cet œuvre
inconnu; et que cette loi rectrice de l'animal cosmique dont vous êtes un ion infini-

tésimal, se manife. ` à vous directement
par votre conscience ; et que ceci vous con-
fère la noble attitude du soldat.

§ 71. — L'individu est uni à son milieu
par des liens multiples et résistants ; la
lutte entreprise contre soi-même est aussi
donc une lutte contre la contemporanéité, ·
et inversement, une victoire sur soi-même,
est un triomphe sur le monde.

De sorte que l'on a pu écrire, avec quelque justesse que la morale pusillanime
de la foule est en somme une négation de
la vie. On a eu le tort de n'apercevoir dans
les religions que l'aspect purgatif, péniten-
tiel, immobilisant, terrorisant même ; il
faut découvrir aussi leur force d'énergie ; il
faut y voir des ferments d'activité, des
encouragements vers un plus bel avenir ;
qu'elles soient le vin vieux qui chauffe
nos enthousiasmes ; que nous y trouvions
l'ardeur des découvertes, le courage qui
fait la victoire ; que, par elles, notre espérance s'enflamme, que nous brûlions géné-
reusement pour le succès de toutes les ten-
tatives, aussi bien esthétiques que philosophes, que sociales, qu'industrielles. Qu'enfin, on ne se serve plus de la morale comme
d'un soporifique, mais comme du plus sain
et du plus fort des excitants. Tel doit être
l'attitude du xxe siècle.

CHAPITRE IV

---

§ **72**. — Notre devoir est d'exercer de toutes manières toutes les charités. Pour pouvoir donner, il faut avoir ; pour avoir, il faut acquérir ; pour acquérir, il faut travailler. Travailler, c'est fournir quelque chose au milieu, à tous les milieux ; à la famille, à la société, à la patrie, à la religion, aux arts, aux sciences. Avant donc de songer à faire l'aumône, veillez à ce que les autres ne soient pas obligés de vous la faire. Ne craignez pas le travail matériel, ni l'humilité d'une petite profession.

§ **73**. — Il n'y a jamais lieu de craindre d'ailleurs. Le dieu que vous avez choisi, vous, spiritualiste, n'est-ce pas l'Esprit ? N'est-ce pas le plus ancien, le premier, l'éternel, le plus fort, le plus savant, le meilleur ? Donnez-vous donc en entier à Lui, afin que, vous prenant dans sa main, vous aspirant avec le remous de ses ailes innombrables, il vous maintienne exalté par dedans, à une hauteur surhumaine. Soyez un héros. « L'héroïsme est le triomphe éclatant « de l'âme sur la chair, c'est-à-dire sur la « crainte : crainte de la pauvreté, de la « souffrance, de la calomnie, de la maladie, « de l'isolement, de la mort. L'héroïsme est « la concentration éblouissante et glo- « rieuse du courage » (1).

§ 74. — Ayez donc, même dans le martyre, même dans la défaite, ayez dans les yeux l'éclair du triomphe, et sur les lèvres le sourire de la toute-puissante douceur. Ainsi vous vivrez totalement, parfaitement, complètement, avec une simplicité plus expressive : mais soyez ainsi sans cesse dans la boutique, au bureau, avec les passants, avec la servante, avec tous les quelconques; Essayez d'être bon.

§ 75. — Toutefois, quand le mal se déploie, s'y résigner en soupirant même s'il ne nous attaque point, c'est de la paresse ; s'en irriter est un manque de raison ; il faut engager le combat avec franchise, avec calme, avec constance.

(1) Amiel.

§ **76**. — Exercez la juste compassion, soyez pitoyables avec une raison calme ; gardez-vous des entraînements d'une sensiblerie fumeuse ; les vapeurs de la chair ont une inquiétante subtilité ; elles pénètrent les chambres intérieures les mieux closes ; redoutez par-dessus tout comme une bassesse, comme une avarice odieuse de faire quelque profit sur le pauvre à qui vous êtes secourable. Que votre charité soit charitable : qu'elle soit un don. Vous avez le droit de demander un travail à celui que vous aidez ; mais si vous sollicitez de lui une complaisance, vous souillez votre altruisme et vous légitimez son ingratitude. Gardez-vous des voix chuchotantes de la chair.

§ **77**. — Faites attention comment vous donnez ; car votre secours ne va-t-il point accroître chez le pauvre le désir de l'existence ? Ajoutez peu de paroles à votre aumône ; salez votre offrande avec le sel de la gêne qu'elle vous occasionne ; alors seulement elle sera pure, et n'engendrera point le trouble dans le cœur du malheureux. Si le don d'argent ne vous coûte rien, cherchez quelque chose en vous qui vous soit précieux pour l'ajouter à cet argent inerte.

§ **78**. — Prenez en considération les étiquettes que les hommes ont collées sur les actes ; sachez cependant que ce ne sont que des à peu près ; ne craignez pas, si vous croyez bien faire, de porter vous-même un acte désigné d'un nom peu honorable : Celui qui voit le fond de votre cœur vous jugera ; l'opinion des créatures n'est qu'une vapeur volatile.

§ 79. — Le spiritualiste, en somme, se sent tenu de vivre pour la collectivité et non pour lui-même. Qu'il offre à son prochain une aumône, un conseil, un remède, une consolation, un abri, un emploi, c'est toujours un peu de son propre bonheur qu'il sacrifie. Or, le don matériel n'est qu'un secours momentané si une ferveur morale ne le dynamise. Dès lors, si nous voulons offrir de la joie aux autres, il faut que nous la possédions d'abord en nous-mêmes.

§ 80. — La joie physique est un signe de santé physique. La joie intérieure est un signe de santé morale. Tous les sages dont la sapience fut vivante, prêchèrent la gaîté. Voyez les statuettes chinoises des vieux ancêtres au front proéminent : ils sourient, et leurs rides sont aimables ; voyez le dernier Bouddha, comme il recommande à ses mendiants d'avoir la sérénité dans le cœur et l'amabilité sur le visage ; voyez notre Jésus, comme il accueille les rires des petits,

comme il accepte la beauté, comme il ne
parle que d'espérances ; voyez le touchant
François d'Assise, comme il sourit aux
bêtes, aux plantes, aux astres et aux hommes.
La joie est un rayonnement, et la force seule
peut rayonner. Celui qui incarne un idéal
est fort de toute la puissance de son Dieu ;
combien donc celui qui sert l'unique Créa-
teur des dieux ne reçoit-il pas de paix et
combien ne doit-il pas rayonner cette paix
en lumière et en bonheur ?

§ 81. — Il est de règle que, si vous semez
des bienfaits, vous récolterez l'ingratitude.
Sachez-le d'avance afin de ne pas être surpris, de ne pas vous en décourager, de ne
pas accueillir le mépris envers vos débiteurs.
Vivre pour les autres est facile à dire, mais
difficile à faire. Il faut d'abord savoir ce dont
ils ont besoin, savoir comment le leur offrir,
savoir comment il faut en profiter ; c'est la
théorie de l'altruisme. Ensuite il faut aimer
autrui, comprendre ses errements, ses fai-
blesses, ses fautes, ses maladresses, et ses
beautés aussi. Cela, c'est la réalisation intérieure de l'altruisme. Enfin, il faut pouvoir
donner de la science, c'est-à-dire être ins-
truit ; il faut pouvoir donner des conseils,
c'est-à-dire avoir vécu.

§ 82. — Si le sage antique « se montre
facilement exorable, « toujours prêt au par-

don dès l'instant que ceux qui l'ont offensé
veulent revenir à lui », le spiritualiste chré-
tien peut, s'il est humble, si son cœur brûle,
s'il aime 'on frère comme un autre soi-
même, s'il se sent les entrailles déchirées
au seul soupçon que ce frère va peut-être se
pervertir davantage, — ce disciple de Jésus,
dis-je, peut sans doute faire plus par la divine folie de l'Amour. Il n'attendra point
l'offenseur, il ira à sa rencontre, lui affir-
mant sa persistante amitié, quitte à subir
peut-être un refus injurieux, ou l'hypocrite
tyrannie d'une exploitation cynique de sa
bonne volonté.

§ **83**. — Si nous n'aimons pas assez Dieu
pour trouver dans cet amour la force du par-
don, que l'humaine sympathie tout au moins
nous la procure. « S'il arrive à quelqu'un
« de pécher envers toi, réfléchis aussitôt à
« l'opinion qu'il a dû se faire du bien ou du
« mal pour manquer ainsi. A cette pensée
« tu auras pitié de lui ; tu ne sentiras plus
« ni étonnement, ni colère. Ou, en effet, tu
« as la même opinion que lui sur ce qui
« est bien et sur ce qui est mal, ou tu as
« une autre opinion, mais analogue à la
« sienne. Tu dois donc pardonner. Mais si
« tu ne partages pas son opinion sur les
« biens et sur les maux, il te sera plus facile
« encore de te montrer indulgent pour un

« homme qui a si mauvaise vue. » (Marc
Aurèle.) « Et, dit autrefois Antisthène à
« Cyrus, c'est chose royale quand on fait
« le bien, d'entendre dire du mal de soi ».

———

CHAPITRE V

---

§ **84**. — Le spiritualiste doit regarder l'indiscrétion, l'ingratitude, l'insolence, la fourberie, l'envie, l'agressivité, d'un œil calme et bienveillant; mais non pas comme le recommande Senèque : « ainsi que le médecin regarde ses malades », car il sait qu'il ne peut pas guérir les autres par lui-même, mais bien par la vertu de l'Esprit dont il s'efforce d'être le truchement. Jusqu'à ce que le spiritualiste soit saturé de Lumière, jusqu'à ce que le mal extérieur lui soit devenu imperceptible, qu'il s'efforce au moins de voir en cet homme qui le blesse, son frère, non seulement parce qu'il provient de la même souche, parce que son corps, son sang, ses fluides, son mental même lui arrivent du corps, des fluides et de l'intelligence de la commune mère terrestre, mais aussi parce que tous deux participent à l'Esprit universel, tous deux sont identiques selon le divin, tous deux sont des collaborateurs voués à une œuvre mutuelle, tous deux enfin, qu'ils le sachent ou l'ignorent, sont les ouvriers d'un même Maître.

§ 85. — Que le spiritualiste ne craigne pas davantage la contagion du mal; non qu'il se tienne pour impavide, mais il sait, il est persuadé que, puisqu'il le désire avec une ferveur active et incessante, l'Esprit le soutient, l'immunise et le rend invulnérable.

§ 86. — Tout ce qui arrive, arrive justement; soyons attentifs à saisir la seconde opportune pour pousser à la roue; que les yeux du corps, de l'intelligence, du mental, regardent sans cesse tout autour de soi; que les yeux de notre puissance volitive fixent le but, sans jamais dévier. La médisance ne blesse pas notre moi essentiel, ni la louange ne l'orne; nous seuls pouvons quelque chose sur cette flamme royale et directrice! faisons notre devoir, sans autre considération que le souci d'obéir à l'impérieux attrait qui nous monte jusqu'à notre idéal.

§ 87. — Quant aux peines, si elles sont insupportables, « elles nous font périr sur le « champ; si elles durent, c'est qu'elles sont « insupportables. » (Marc Aurèle.)

§ 88. — Mais comment faire pour être

prêt sans cesse à secourir toute infortune,
pour avoir toujours la parole qui réconforte,
l'indulgence donneuse d'espoir au misérable repentant, le rayonnement de la force
auxiliatrice ? Il faut se tenir soi-même en
rapport ininterrompu avec la source de
toute puissance, de toute science, de toute
beauté, de toute bonté. Et comment réussir
cette évocation permanente de l'infini, du
surnaturel, de l'Etre absolu en un mot ? En
l'imitant de notre mieux, dans notre sphère
minuscule, en vivant comme Lui, en œu-
vrant comme Lui, en nous donnant comme
lui. Le serviteur de l'Esprit doit se souve-
nir toujours qu'il n'a rien à craindre de personne, que s'il veut, il peut; que s'il ose
avancer contre l'obstacle, celui-ci s'éva-
nouira.

§ **89.** — Résumons les six devoirs du spiritualiste dans le septième qui les contient
tous.

Jésus a dit qu'une seule chose est nécessaire, et tous ses prédécesseurs avaient
déjà fait pressentir cette grande vérité. Le
principe de l'Univers est un, le principe de
l'homme est un, le principe des acti
doit être également un. Ainsi nos sensa
tions, nos pensées, nos sentiments, nos
désirs, nos œuvres demandent d'être ramenés à un seul but; et tous les buts pos-
sibles se fondent à leur tour dans une fin

suprême qui est en même temps leur raison d'être. Nous hausser jusqu'à l'Eternel, exalter notre enthousiasme jusqu'à l'adoration, s'attacher à l'absolu par toutes les fibres, des plus grossières aux plus fines : telle doit être l'attitude de notre existence. Rien ne compte, même la mort, que comme un moyen d'approcher Dieu ; il est tout, en nous et hors de nous ; quoi de plus simple que de chercher tout en Lui.

§ **90.** — Voilà la vraie religion, essence et principe de toutes les religions révélées. Elle est la simplicité même parce que et puisqu'elle est la vérité.

§ **91.** — La véritable révérence que l'on doit rendre au Pouvoir suprême, c'est l'accomplissement le plus complet de nos devoirs envers ses autres administrés. Si on le veut, tout est un hommage à ce plus sublime Idéal ; il suffit de penser à Lui avant l'action, avant l'émotion, avant la méditation. Les traverses de la vie même lui peuvent être présentées. Car notre principe hégémonique, le vouloir, cet organe recteur que l'exercice développe, et dont, dans l'Invisible on pourrait saisir les formes et la croissance, — est un feu qui s'alimente de tout ce qui ne lui est pas semblable. Nos fatigues, nos craintes, nos douleurs, nos opprobres, nos épreuves, tout cela, ce sont en vérité des substances réelles quoique imperceptibles ; c'est suivant le cas, des ordures, des brindilles, du minerai ; le feu de la volonté les dévore, et en porte l'essence avec lui jusqu'au soleil divin vers qui sa flamme s'élève invinciblement.

§ 92. — Le philosophe fait de la théorie ; le héros fait de la pratique intermittente ; le saint réalise continuellement : il atteint seul la stature humaine. Le héros est un saint laïque, comme le saint est un héros religieux ; mais leurs opinions et leurs étiquettes importent peu ; c'est dans leurs actes que réside leur force à l'un et à l'autre ; c'est par leurs actes qu'ils entraînent des imitateurs, qu'ils subjuguent des hostiles, qu'ils sèment des graines fécondes aux quatre vents des cœurs, aux quatre coins des champs intellectuels ; leurs actes sont les formes de matière où leur enthousiasme ardent force l'Idéal à s'incarner ; leurs actes sont la nourriture de cet Idéal, par quoi il grandit et il s'acclimate au milieu des enfants des hommes.

§ 93. — Le travail indispensable, c'est la culture morale. Aucune œuvre ne remplace celle-là ; c'est la clé de tous les mystères, le phare dans toutes les incertitudes, le soleil de toutes les actions. On peut bien faire quelque chose de remarquable dans l'industrie, dans la science, dans l'art, dans la politique, avec un moral frelaté, mais rien ne sera viable, ni fructueux, ni bénéfique. La netteté du jugement, l'énergie de la volonté, la santé physique même sont obscurcies, affaiblies, compromises par une bassesse du caractère. Notre sens moral est l'essentiel de nous-mêmes, et les Anciens savaient cela puisque tous, depuis Fo-Hi jusqu'à Vyasà, jusqu'au dernier Zoroastre, jusqu'à Gautama, à Orphée, à Moïse, à Pythagore, jusqu'à leur chef enfin : notre Jésus, tous ont donné à ce sens intime le nom de cœur. Cette vérité transparaît à toutes les périodes de l'histoire ; c'est elle qui inspire Zénon, et Marc Aurèle et Boëce ; c'est elle que les Pères de l'Eglise énoncent avec abondance, et que les saints catholiques confirment de leurs ascétismes ; c'est elle qu'exprime le dernier disciple de Platon, Marsile Ficin, lorsqu'il écrit à un jeune élève : « Ecoute-moi : je veux t'apprendre « gratuitement et avec concision, ce qu'est « l'éloquence, la musique et la géométrie. « Persuade-toi de ce qui est honnête et tu « seras parfait orateur ; tempère les mouve- « ments de ton âme et tu sauras la musique ; « mesure tes forces et tu seras un vrai géo- « mètre. » C'est elle enfin qu'avouent comme malgré eux les plus modernes de nos psychologues matérialistes (1).

§ **94.** — Il est bon d'avoir de la théorie ; il est meilleur pour le monde d'avoir de la pratique, parce que celle-ci est plus proche de la chair vivante et souffrante.

§ **95.** — Il est convenable de rechercher dans les choses et les êtres ce qu'ils contiennent de bien, de vrai, de beau. De même que pour découvrir le bien hors de soi il faut l'avoir en soi, — que pour apercevoir le vrai, il faut l'avoir conçu, — pour devenir sensible à la beauté dans les œuvres de la Nature, il faut avoir établi une harmonie entre la méditation, le sentiment et l'acte. Il n'y a point de beauté parfaite puisque tout se transforme sans cesse ; cependant, les êtres les plus laids à première vue, un spectateur aimant et bénévole leur découvre toujours une grâce, une noblesse, une force. L'éducation de nos yeux, mieux encore l'inquiète ardeur de notre intelligence, et par dessus tout la grave tendresse d'un cœur où vibre la sympathie sont les instruments indispensables à la recherche, à la compréhension de la Beauté.

§ **96.** — De même que l'erreur s'évanouit

---

(1) Cf. les travaux de MM. Ribot et Payot.

de soi-même en face du Vrai, que le mal se transmue à la longue dans le Bien qu'il a poursuivi de sa fureur, le laid, le banal, le joli même, s'épurent à force de vouloir la grâce, l'originalité, la beauté. Mais, gardez-vous, spiritualistes, de l'erreur commune à notre temps. Tout, chez l'homme, se tient par un rigide assemblage. Le philosophe qui se conduit bassement, en vient à ne plus penser juste ; le réalisateur qui agit mal s'obscurcit la compréhension ; l'artiste qui aime son art, mais ne s'abstient ni de paresse, ni de vulgarités, ni d'ignorance, l'idéal s'enfuit d'auprès de lui.

§ **97.** — L'homme est le médiateur universel. Notre âme est l'épouse du Verbe. Il y a une centaine de siècles que ceci a été dit sur terre pour la première fois, et la cohorte des sages et des saints que cette formule mystique a nourris, est loin d'en avoir exprimé tout le suc. Les livres sacrés sont des torrents jamais taris, parce qu'ils prennent leur source à la fontaine de la vie divine ; ce sont des trésors jamais épuisés, parce qu'ils communiquent avec le trésor de la Lumière éternelle ; ce sont des combattants jamais vaincus, parce qu'ils tirent leur énergie de « la Force forte de toutes les forces ».

§ **98.** — On a cru trop longtemps que ces

livres ne sont susceptibles que d'interprétations, morales intellectuelles, métaphysi-
ques, ésotériques ; et voici cependant vingt
siècles que Quelqu'un est venu tout exprès
pour rendre clair ce qui était obscur, manifeste l'occulte et tangible l'ineffable.

Ne rendons pas inutile ce prodigieux
effort.

CHAPITRE VI

§ **99.** — Il existe, disent les « Délivrés », indous, quatre moyens de connaître la direction qu'il faut suivre, entendre l'appel du Maître.

Le plus facile et le plus général, c'est la fréquentation des gens de bien, à l'exemple desquels on obéit peu à peu, et qu'on se met à suivre tout naturellement.

Le second, c'est l'étude de la Doctrine écrite, l'audition de l'enseignement oral d'un maître humain ; un plus petit nombre d'hommes peuvent l'employer.

Encore moins peuvent se servir du troisième, qui est l'effort personnel et solitaire de la réflexion et de la demande intérieures.

Mais la méthode la plus certaine, la plus efficace et la plus saine, c'est la pratique de la vertu durant une longue suite d'existences antérieures.

§ **100.** — Or, pour donner un sens aux longues considérations des chapitres précédents, il semble convenable de les résumer en un code d'observances pratiques, où les trois premiers de ces moyens prennent place, et que le spiritualiste sincère et désireux d'avancer puisse suivre jour par jour, et heure après heure.

Les pages suivantes sont l'esquisse d'une règle, encore à formuler, qui permettrait au laïque de jouir, dans le tumulte de la vie mondaine et malgré les soins qu'elle comporte, de la paix intérieure et de l'aide surnaturelle que tant d'âmes ont cherchées sous les voûtes des cloîtres.

§ **101.** — Le but que le spiritualiste se propose d'atteindre, c'est :

Réalisation de la volonté divine.

En lui-même
- par ses actes,
- par ses sentiments et ses pensées.

dans la collectivité

Familiale, comme
- enfant,
- parent,
- époux.

Sociale, par
- son métier,
- sa profession,
- son rôle civique,
- son rôle patriotique (soldat)

Humanitaire comme
- philosophe,
- ou savant,
- ou artiste.

dans l'Universel, par le fait des précédents accomplissements

Pour rendre cette étude tout à fait claire, ne prenons que les éléments psychologiques les plus simples. Il ne s'agit ici que du travail de la volonté sur l'être conscient, en vue d'une meilleure assimilation des lumières divines qui se présentent à lui par l'âme et ses enveloppes sur-conscientes ; telle est la thèse mystique de la vie intérieure.

§ 102. — Dans cette sphère consciente, se distinguent, de bas en haut, de dehors en dedans, trois sphères circonscrites :

1ʳᵉ La complexion physiologique.
- Passive, lymphatique, sensuelle.
- Sensitive, sanguine, versatile.
- Active, bilieuse, résistante.

2ᵉ Le caractère moral.
- Fataliste, indifférent, amoral.
- Passionnel, emballé, vaniteux.
- Egoïste, ambitieux, personnel.

2ᵉ L'intellectualité
- Positive, expérimentale, observatrice
- Inventive, ingénieuse, esthétique.
- Logique, systématique, savante.

§ 103. —Les tendances de ces trois sphères sollicitent la volonté, qui se détermine :
ou bien au gré de la plus puissante,
ou par le choix élaboré dans la méditation
[sereine,
ou par l'élan d'un amour spirituel idéal.

Il est évident que le spiritualiste ne se décidera que par le second ou le troisième motif.

§ 104. — Chacune de ces trois sphères est soumise à deux tendances divergentes, centripète ou centrifuge, individualisante ou universalisante, que l'on peut caractériser comme suit :

Pour la physiologie : La paresse, la sensualité, la gourmandise, l'activité, la continence, la frugalité.

Pour le caractère : L'ambition, l'orgueil, la colère, le contentement, la modestie, la douceur.

Pour l'intellect : Le préjugé, l'insensibilité, l'avarice, la tolérance, la compassion, la charité.

Chacun de ces caractères a des répercussions dans l'organisme tout entier, mais ce ne sont là, qu'on le sache bien, que des exemples, en vue de fixer les idées.

§ 105. — La physiologie, le caractère et l'intellect doivent donc être ramenés à l'unité de l'obéissance à Dieu : trois questions se posent dès lors :

1° Comment sentir ou aimer ?
2° Comment penser ?
3° Comment agir ?

Les deux premières demandes donneront la réponse à la troisième, soit ensemble, soit séparément; c'est ce que nous allons voir de suite.

§ 106. — Or, on peut préparer les modi-

fications morales et intellectuelles en changeant le physique ;

Effectuer les modifications physiques et
intellectuelles en changeant le moral ; pro-
jeter les modifications morales et physiques
en éclairant l'intellectuel.

De là, trois entraînements :

Un physiologique, de bas en haut.
Un intellectuel, de haut en bas.
Un moral, du centre ou pivot.

C'est le dernier le plus normal et le plus
efficace.

§ **107.** — Toutes les anciennes initiations
ont reconnu cette vérité ; les Brahmanes,
par exemple, qui ordonnent le premier de
ces trois entraînements, l'inaugurent toujours par une observance éthique ; et après
la maîtrise de laquelle viennent seulement
les régimes alimentaire, respiratoire, ciné-
tique, magnétique, mental et enfin méta-
psychique.

Les prêtres égyptiens faisaient de même,
en imposant une règle avant de commencer
les périodes d'entraînement pour leurs
opérations sacerdotales ; les voici d'ailleurs,
en substance.

§ **108.** — Pour augmenter la vie physiologique, l'étude des révolutions des tempéraments indique des aliments lourds (végé-
taux, choucroûte) le lait ou la bière ; une

respiration lente et superficielle ; la pipe ; la musique facile et paisible ; le travail du soir.

Pour développer la vie animique, sensitive, passionnelle : viande, gibier, vin ; respiration rapide et profonde ; musc ; cigare ; marches militaires ; le travail de suite après le repas.

Pour enfin faciliter le travail intellectuel : des fruits, des œufs, du sucre, de l'eau ; du café ; la cigarette parfumée ; la respiration lente et ralentie ; l'encens ; l'œuvre d'art ; Wagner, Bach, le plain-chant ; le travail à jeun.

§ **109**. — Ces entraînements, ou d'autres analogues, préparent une qualité de force nerveuse concordante avec la qualité de l'énergie psychique, soit pour l'action, soit pour la sensitivité, ou l'enthousiasme, soit pour l'étude.

Mais cette méthode, qui semble si rationnelle puisqu'elle paraît procéder du concret à l'abstrait et du matériel au spirituel présente deux inconvénients :

Comme nous ne connaissons que l'aspect physico-chimique de notre organisme, et non pas l'ontologie de nos cellules, leur qualité biologique, ni leur force de résistance, ni leur destin spirituel, nous risquons, à leur imposer un travail systématique, de les torturer, de les affaiblir, de les pervertir.

Et ensuite, imposant à la vie corporelle une direction ; la vie magnétique, la psychique et la mentale, si elles ne suivent pas une direction semblable — et nous n'avons pas de moyen de les contraindre, puisque c'est justement pour cela que nous effectuons l'entraînement physique — nous avons une partie de nous-mêmes dans un plan, et une autre partie ailleurs : d'où déséquilibres, dispolarisations, ingressus morbide.

§ **110.** — Donc, ce dressage physiologique ne peut être que l'école élémentaire de la volonté ; il faut le balancer par un entraînement d'indifférence aux régimes, et puis l'abandonner.

Par exemple, que l'on force l'enthousiasme en suivant le régime alourdissant ; que l'on garde le calme intellectuel tout en usant des excitants, et ainsi de suite.

Il est donc préférable d'entraîner d'abord le centre intellectuel, lequel à son tour réagira sur les deux autres, successivement. Mais le mieux, c'est de gouverner de suite le centre animique qui, étant le pivot de toute la machine, communique aux autres sphères le mode qui lui est propre.

La seconde école sera donc d'apprendre à méditer ; la troisième d'apprendre à sentir, ou si l'on préfère, à aimer.

§ **111**. — Ici, le travail devient plus délicat; il ne faut ni hâte, ni perte de temps; ne faites rien à demi.

La première phase est l'habitude de la conscience: Apprendre à regarder les objets, à observer.

— Il faut que cela se fasse sans effort, involontairement.

— Donner des réponses réfléchies au lieu de se contenter des réflexes mnémotechniques ou habituels.

— Chercher l'idée sous l'objet et sous le fait.

— Chercher les rapports des idées entre elles.

Ceci doit se faire au cours et à l'occasion de la vie quotidienne.

La deuxième phase choisit une heure, un endroit, un régime (§ 108) pour la méditation.

La troisième phase supprime ces commodités.

§ **112**. — Il y a trois grands sujets de méditation.

Celle du matin : sur les intuitions nocturnes et les projets pour le jour qui commence.

Celle du soir : examen de conscience et préparation au sommeil.

Celle de l'étude où on est sollicité, quand

l'accomplissement de nos devoirs nous en laisse le temps.

Les deux premiers sujets sont pour tout le monde ; le premier n'est utile qu'aux spécialistes.

§ **113.** — Les observations, les expériences, la lecture sont l'aliment.

La méditation est une digestion.

La pensée, une procréation (d'Olivet).

Car il y a un corps mental, construit avec une substance éthérique et pourvu d'organes analogues à ceux de notre corps physique.

Il faut donc exercer ce corps mental, par la concentration. Et le faire travailler, lui faire donner un rendement utile par la méditation.

§ **114.** — La concentration, comme le mot l'indique, consiste à fixer sur un seul objet, une seule perception, toute la force mentale ; c'est un développement de l'attention, donc une œuvre de volonté.

Contre l'association des idées : il faut ne pas la combattre avec brusquerie, ne pas contracter ses muscles, ramener doucement et patiemment l'onde mentale sur l'objet choisi ; jusqu'à ce qu'en fermant les yeux, (par exemple) on en ait une image nette, complète et exacte.

Ce résultat obtenu, il faut toujours par le

même procédé, rendre cette image immobile ; car la foule des images mentales antérieures et contemporaines, tend à la chasser. Ici, la vue intérieure commence à prendre contact avec la forme invisible de l'objet contemplé.

Enfin, il faut chasser toutes les images formelles, et arriver à tenir une seconde, le mental en face du vide.

Les deux premiers exercices peuvent durer jusqu'à une demi-heure ; mais le troisième ne doit jamais être suivi plus d'une minute.

§ 115. — Voici donc, après quelques mois de pratique journalière, le mental devenu capable d'un travail méthodique. Ici, commence la méditation proprement dite. On peut la réduire à six opérations volontaires :

Un sujet étant donné :

1° L'intellect attentif le perçoit par individualisation.

2° Il le réfléchit par analyse.

3° Il le compare à d'autres par analogie et synthèse.

4° Il s'en rappelle par classification méthodique.

5° Il l'assimile, le comprend, par induction et déduction.

6° Il en rapproche les dépendances par l'imagination, et crée sa pensée.

La durée d'une telle méditation ne peut pas être fixe.

§ **116**. — Arrêtons-nous un moment, une fois ce magnifique résultat obtenu : la création d'une pensée, il est bon de comprendre sans lassitude, que ce n'est qu'un provisoire. Car le mental conscient ne peut nous donner du non-moi qu'une connaissance proportionnelle :

A l'apparence de l'objet.

A l'état du milieu où se posent le percepteur et le perçu.

A la qualité individuelle du mental.

Nous arrivons à la troisième école, la plus saine, la plus harmonieuse, la plus féconde, l'école de l'amour, l'école par excellence de la volonté ; celui-là est la flamme et celle-ci la chaleur.

§ **117**. — L'amour le plus haut est celui qui désire le plus haut objet : Dieu.

Le plus pur, c'est celui qui s'oublie soi-même le plus.

Le plus fort, c'est celui qui travaille, c'est-à-dire qui affronte le plus la souffrance.

Pour préparer cette ascèse, il faut une série d'entraînements progressifs des mobiles de nos actes. C'est la purification de la volonté : en voici un exemple ; chacune des idées des neuf canevas qui suivent doit être apprise, réfléchie, contemplée sous toutes ses faces.

§ **118.** — 1º Dieu est le Père, le Vrai, le Beau, le Bien, le Puissant, le Permanent, le Réel.

Tout ce qui n'est pas Lui est une forme muable.

2º Donc tous les objets, toutes les sciences, toutes les existences ne sont que des écoles.

Inutile de s'y attacher, non plus qu'à soi, ni à ses propres désirs, ni aux résultats de nos actes.

Devenir stable en Dieu.

Pratiquer la vertu pour elle-même.

3º Donc que la pensée ininterrompue de Dieu ramène à Lui tous nos actes, toutes nos émotions, toutes nos cogitations.

On gouvernera ainsi les impulsions des cinq sens, et les émotions, par la fixité du mental sur Dieu.

4º Le moi s'observant sans cesse sentir et agir, on obtiendra la maîtrise de ses mouvements psychiques, de ses paroles et de ses actes.

§ **119.** — Parti de l'idée d'Absolu pour arriver au contrôle de soi-même, c'est-à-dire à une réalisation individuelle de cette Unité première, nous allons essayer d'obtenir la même unité quant aux influences externes.

5º Si tout n'est qu'une école, les formes,

les rites, les systèmes sont vains : les quitter en soi, tout en les gardant selon la compréhension d'autrui. Accepter toutes les manières de voir : nos frères sont aussi dans les écoles ; telle est la tolérance.

6° On devient donc impassible, endurant, patient, serein : tout supporter, sans colère, sans envie, sans hâte.

7° Garder cette constance dans l'épreuve ; vaincre la tentation, par une fixité immobile ; devenir incapable de sortir de la route : telle est l'origine de la foi.

8° Ayant conquis l'équilibre, s'enquérir de tout ; trouver en tout le bien, le beau, le vrai qui s'y cachent. Sentir que le Maître nous a pris par la main.

§ **120.** — 9° Ici le Maître suscite dans le cœur du disciple le premier frémissement de son approche ; le désir du Ciel se lève ; le Maître est là ; l'Amour s'allume ; rien d'autre ne peut se dire.

Mais, je le répète, ces neuf exercices, qui d'ailleurs, pour être parfaitement suivis, peuvent prendre des années, et même des existences, ne sont qu'un exemple. Chacun peut se faire à lui-même son programme.

§ **121.** — Ces thèmes de méditation et de contemplation s'appliquent à toutes les circonstances de la vie, et à tous les états d'âme. L'acte n'est que leur conséquence logique et nécessaire.

Il n'y a donc pas, à proprement parler, des entraînements pour agir ; ceux qui pensent avec justesse et qui sentent avec noblesse agissent toujours bien.

D'ailleurs, dès que nous générons le désir sincère de suivre la Loi du Ciel, il s'offre toujours à nous, même sans que notre conscience s'en aperçoive, une collaboration invisible, effective, et de plus en plus continue.

Jamais personne n'est seul.

CONCLUSION

—

§ **122.** — L'homme désire toujours ce qu'il ne possède pas ; ce qu'il possède, il en fait fi. C'est-à-dire que notre idéal à chacun est notre complémentaire analogique. Si, nous plaçant par l'imagination, plus haut que le tourbillon de notre planète, nous embrassons d'un coup d'œil la série des existences que subit ici-bas une âme avant d'avoir appris complètement sa leçon terrestre, nous apercevons cette âme comme un soleil, et ses différentes personnalités comme des satellites de révolution qu'éclaire à tour de rôle la vie propre de ce globe terraqué. Ces satellites psychiques sont des aspects de l'âme centrale immobile ; ils ont leur libre arbitre propre et par suite leur idéal particulier, avec lequel ils se fusionnent plus ou moins ; et le système d'ensemble a aussi son idéal plus synthétique vers lequel il se dirige, comme notre soleil se dirige vers la constellation d'Hercule entraînant avec lui tout son cortège planétaire.

§ **123.** — Plus l'être humain évolue, plus il devient complet et complexe, plus son idéal, c'est-à-dire son complémentaire invisible monte aussi vers la perfection; plus il revêt un caractère vénérable et sacré, plus ces deux entités se rapprochent, et plus graves deviennent les conséquences des infractions à ce contrat hiératique qui relie l'homme au Dieu qu'il a élu. Mentir à son idéal est donc presque irréparable; cela ravale notre dignité, cela aveugle notre conscience, cela empoisonne en nous la source vive de l'Esprit.

Contemplez ici notre dignité à nous tous.

§ **124.** — Agissez d'abord, selon la voix secrète et infaillible de la conscience. Ensuite cherchez le pourquoi de votre impulsion intime; enfin, quand l'action vous laisse du temps, méditez sur la cause de ce pourquoi, sur le fonctionnement de la faculté rationnelle. Telle est la marche qu'Epictète, écho inconscient de Sankaratcharya, recommande, pour découvrir les sommets de notre psychologie; « Le vrai moi, dit-il, « c'est notre volonté, tout le reste n'est pas « nous. »

§ **125.** — La grandeur réelle de l'homme

selon l'Eternité, est l'inverse de sa grandeur
apparente selon le Temps. Le roi qui veut
connaître le cœur de son peuple, dépouille
pour parler avec le prolétaire, son costume
d'apparat. Celui qui sait les mystères cache
sa science sous la parabole ; celui qui peut
enveloppe sa puissance de l'humble man-
teau de la prière. Celui-là est terriblement
fort: ne garde-t-il pas close, par amour, sa
main remplie de perles? quel martyre pour
cet Aîné, que son silence voulu!

§ **126**. — Connaissant que tout remue et
bouge à l'infini, dans cet Univers, que tout
s'interpénètre, qu'enfin selon l'axiome her-
métique, tout est dans tout, considérez
l'homme qui œuvre. Ses forces musculaires,
sensorielles, nerveuses, magnétiques, pas-
sionnelles, intellectuelles sont mises en
branle par une décision volontaire. Celle-ci
à son tour est produite par sa volonté générale, qui se projette, se lance en avant, vers
un point du futur matériel ou invisible.
Cette flèche psychique entraîne avec soi
dans sa trajectoire les facultés plus externes
énoncées ci-dessus ; et toutes réunies, acti-
ves et passives, subissent les mêmes péri-
péties, endurent les mêmes fatigues, reçoi-
vent les mêmes clartés, vivent ensemble en
un mot, selon les paysages invisibles que
le roi Désir leur fait traverser dans ses re-
cherches aventureuses.

§ **127.** — De quels objets est-il possible que le désir, père de la volonté, s'inquiète? Il y en a trois catégories. La première et la plus basse c'est la matière, le confort, la paresse, le repos, l'inertie, le sommeil, le non-agir en un mot, dans tous les plans, pour le corps, pour l'âme et pour l'intellect : c'est la couleur noire.

§ **128.** — La seconde, c'est la soif de posséder, de conquérir, de jouir, de découvrir, de lutter, d'agir : c'est l'exaltation de soi-même ; on travaille alors sans repos, on apprend à sacrifier une joie pour en obtenir une autre, dans le domaine religieux, social, économique ou individuel. C'est la couleur rouge.

§ **129.** — La troisième ne se découvre qu'à l'aube grise de la satiété. Quand le moi sait que l'inertie est suicide, et l'activité propre une illusion, il cherche ailleurs la vie et le réel. Ayant connu que le travail lui est nécessaire et obligatoire, il s'enquiert d'un but éternel, puisque tous les buts temporels lui échappent plus ou moins vite ; et il ne trouve ce but, en dehors de l'argent, de la puissance, de la gloire, de la science, de l'amour et des créatures, qu'en Dieu seul ; telle est la couleur blanche, l'attitude du spiritualiste, la vraie trajectoire de la volonté.

§ **130**. — C'est ici la liberté : plus de désirs personnels, ni pour des résultats terrestres, ni en vue d'un paradis ultérieur, ni pour paraître héros, ou saint, ou dieu ; renoncer à soi et suivre l'Esprit : ainsi n'étant plus rien, on peut tout par la puissance de l'Amour.

§ **131**. — A la regarder du zénith, tout est misérable dans l'existence humaine ; la minute présente seule nous appartient ; « petit « est le coin de terre où nous la vivons, « petite est la renommée qu'on laisse après « soi, même la plus durable, elle se trans- « met par une succession d'hommes de chétive nature, destinés à mourir bientôt, et « qui, ne se connaissent pas eux-mêmes, « bien loin de connaître celui qui est mort « avant eux (1) ».

§ **132**. — Mais à regarder cette existence du nadir, elle est magnifique, car elle s'ouvre sur l'infini, sur l'éternel, sur l'absolu. La fenêtre intérieure par où arrive en nous la Lumière incréée suffit, dès qu'aperçue, à ouvrir l'appétit mystérieux du divin ; alors, dans notre âme, tout s'éclaire d'un jour nouveau ; les images temporelles rentrent dans leur grise tonalité ; les fruits de ce monde

---

(1) Marc Aurèle.

deviennent insipides ; et chaque minute,
chaque sensation, chaque geste, chaque parole, chaque idée, chaque rencontre enfin,
est à l'ami de Dieu comme une ascension,
un élargissement et une béatitude.

BIBLIOGRAPHIE

Voici une liste de quelques ouvrages, faciles à trouver, et qui donnent, dans un langage simple, des méthodes et des directions pratiques pour l'édification du caractère. Cette courte énumération a été faite sans aucun esprit de chapelle ; elle ne comporte que des œuvres occidentales, écrites pour la mentalité européenne et libres, autant qu'il a été possible, de toute tendance sectaire ou ritualiste : n'importe quel homme, vivant de la vie ordinaire, peut en tirer son profit.

L'Imitation de J.-C., traduction rythmique de M. Albin de Cigala, Paris, Société Galicher, 5, rue Miollis.

J.-B. VIANNEY. — *Vie* et *Pensées*. Paris, Douniol.

LE P. GRATRY. — *Les Sources*. In-18, Douniol.

MÆTERLINCK. — *Le Trésor des Humbles.* Paris, Charpentier.

ID. — *La Sagesse et la Destinée.* Paris, Charpentier.

HELLO.—*L'Homme.* Paris, Palmé ou Perrin.

S. FRANÇOIS DE SALES. — *La vie parfaite.* Tours. Mame.

MARC-AURÈLE. — *Pensées.* Paris, Charpentier.

DENIFLE. — *La Vie spirituelle.* Paris, Lethielleux.

DE CAUSSADE. — *L'Abandon à la Providence.* Paris, Lecoffre.

S. AUGUSTIN. — *De Magistro.* in Opera. Paris, Oudin.

BOSSUET. — *Manière courte et facile de faire Oraison.*

AMIEL. — *Journal.* Paris, Fischbacher, 2 vol.

BESANT. — *Les Trois Sentiers.* Paris, Bailly.

SAILLANS. — *Discours.* Paris, Société biblique.

L'Action morale. Paris, impasse Ronsin.

EPICTÈTE. — *Manuel.*

C. MARTHA. — *Les moralistes romains.* in-18. Paris, C. Lévy.

P. DESJARDINS. — *Le devoir présent.* in-16, A. Colin.

CARLYLE. — *Le Culte des Héros.* in-18.

EMERSON. — *Les Surhumains.* in-18.

Id. — *La Conduite de la Vie.* in-18.

TABLE DES MATIÈRES.

CHAPITRE Ier

CHAPITRE II

CHAPITRE III

CHAPITRE IV

CONCLUSION,

BIBLIOGRAPHIE

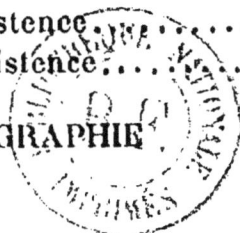

Le Mans. — Imprimerie Monnoyer. — 1910.

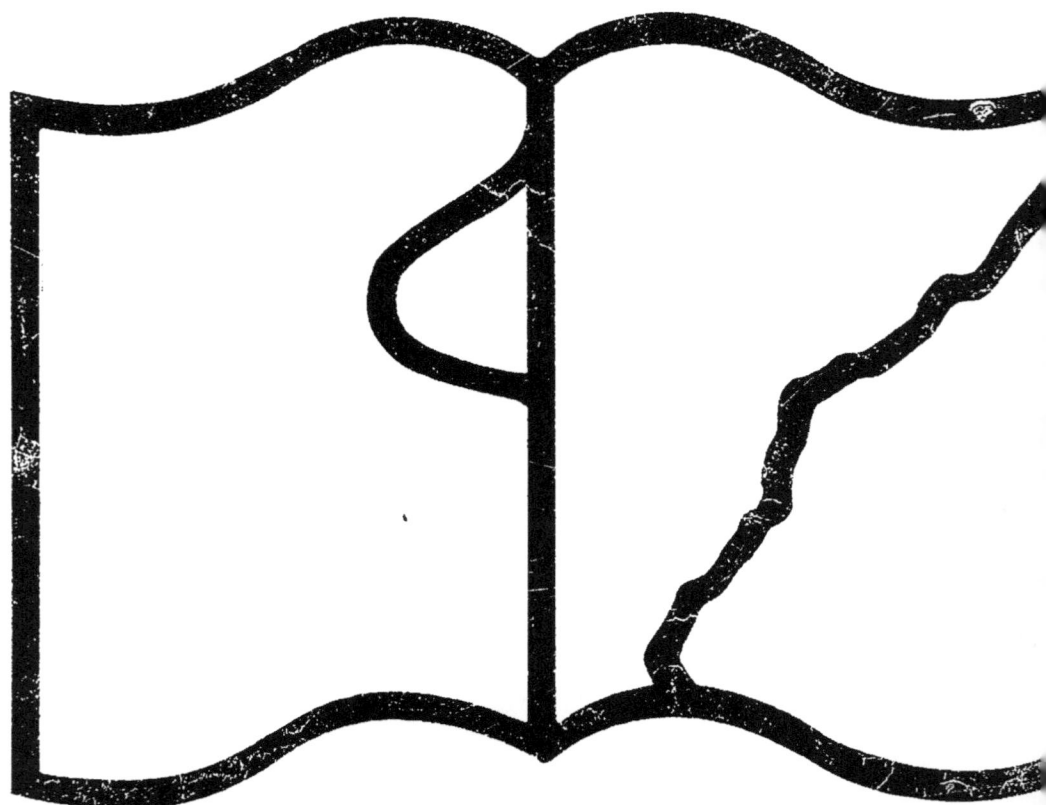

Texte détérioré — reliure défectueuse

NF Z 43-120-11

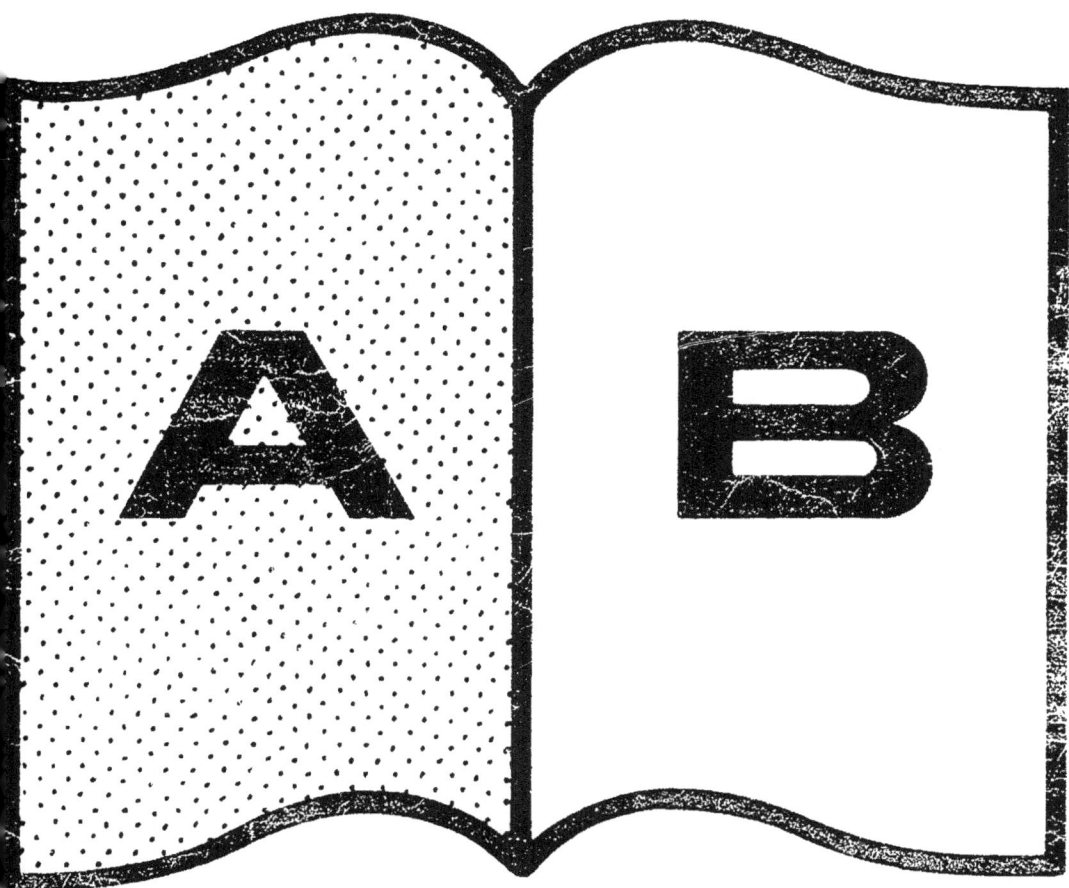

Contraste insuffisant

NF Z 43-120-14